D1719334

BIBLIOTHEK DER KLASSISCHEN
ALTERTUMSWISSENSCHAFTEN

Neue Folge · 2. Reihe

DIE DICHTERLANDSCHAFT
DES HORAZ

Von

IRENE TROXLER-KELLER

HEIDELBERG 1964

CARL WINTER · UNIVERSITÄTSVERLAG

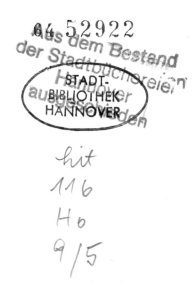

64 52922

Aus dem Bestand
der Stadtbücherei
STADT-
BIBLIOTHEK
HANNOVER
Hannover
ausgeschieden

hit
116
Ho
9/5

Alle Rechte vorbehalten. © 1964. Carl Winter, Universitätsverlag, gegr. 1822,
GmbH., Heidelberg. Fotomechanische Wiedergabe nur mit ausdrücklicher Ge-
nehmigung durch den Verlag. Imprimé en Allemagne. Printed in Germany.
Archiv-Nr. 3298
Satz und Druck: Buchdruckerei Sommer & Söhne, Feuchtwangen

Meinen Eltern

INHALTSVERZEICHNIS

Diese Studie hat im Herbst 1962 der Philosophischen Fakultät I der Universität Zürich als Dissertation vorgelegen. Sie ist von Professor Heinz Haffter angeregt und durch seine stete Anteilnahme gefördert worden.

VERZEICHNIS
DER ÖFTER ZITIERTEN LITERATUR

Ed. Fraenkel, Horace, Oxford 1957.

L. Friedlaender, Darstellungen aus der Sittengeschichte Roms (4 Bde.), Leipzig 1919/21[9].

H. Hommel, Horaz, der Mensch und das Werk, Heidelberg 1950.

A. Kiessling, Q. Horatius Flaccus, Oden und Epoden, Berlin 1884.

Kiessling-Heinze (KH), Q. Horatius Flaccus, Oden und Epoden[10], Satiren[8], Briefe[7], Nachdruck, Berlin 1960/61, mit einem Nachwort und bibliographischen Nachträgen von E. Burck.

F. Klingner, Römische Geisteswelt, München 1961[4].

W. Kroll, Studien zum Verständnis der römischen Literatur, Stuttgart 1924.

H. Nissen, Italische Landeskunde (2 Bde.), Berlin 1883/1902.

G. Pasquali, Orazio lirico, Firenze 1920.

G. Petrocchi, Orazio, Tivoli e la società di Augusto, Roma 1958.

E. Reitzenstein, Zur Stiltheorie des Kallimachos, in: Festschrift R. Reitzenstein, Leipzig/Berlin 1931, 23—69.

B. Snell, Arkadien. Die Entdeckung einer geistigen Landschaft, in: Die Entdeckung des Geistes, Hamburg 1955[3], 371—400.

W. Theiler, Das Musengedicht des Horaz, Schr. d. Königsb. Gel. Ges. 12 (Geisteswiss. Kl.) 4, 1935, 253—282 (1—30).

U. v. Wilamowitz-Moellendorff, Hellenistische Dichtung in der Zeit des Kallimachos (2 Bde.), Berlin 1924.

W. Wili, Horaz und die augusteische Kultur, Basel 1948.

Die übrige Literatur ist in den Anmerkungen aufgeführt. Zeitschriften werden nach den Abkürzungen des Gnomon zitiert.

Nach dem Herbst 1962 erschienene Literatur konnte nicht mehr berücksichtigt werden.

EINLEITUNG UND PROBLEMSTELLUNG

Die augusteischen Dichter, allen voran Vergil und Horaz, haben nicht nur im Schaffen eines neuen Stilideals, in welchem Gehalt und Form sich zu einer vollkommenen Harmonie vereinigen, den Höhepunkt der römischen Dichtung herbeigeführt, sondern auch einen neuen Begriff des Dichtertums geschaffen und diesem eine für die damaligen römischen Verhältnisse und Anschauungen ungeheure und für die Folgezeit bedeutsame Anerkennung erkämpft. An die Stelle des leichten, artistischen Dichtens, das sich im Spiel, in den *nugae* (Catull. 1, 4. 50, 1ff.), ergeht und nur in der formalen Vollendung sein höchstes Ziel erblickt, treten Ernst und Bewußtsein des Dichters, daß ihm mit seiner Musengabe ein höheres Wissen und eine große verpflichtende Aufgabe zugewiesen sind. In der römischen Klassik ist das Ideal einer künstlerisch vollendeten Form, wie es bei den Alexandrinern und Neoterikern einseitig ausgebildet ist, mit der altgriechischen Forderung eines tiefen Gehaltes, der geistig erhebt, belehrt und erzieht,[1] untrennbar eins geworden.

Eine verantwortungsvolle und feierliche Haltung des Dichters als Verkünder und Erzieher finden wir allerdings bereits bei Lukrez, der durch seine epikureische Lehre die Menschen von Furcht erlösen und zu einem wahren, freien Leben führen will. Obgleich er in deutlicher Nachfolge des altgriechischen Dichter-Philosophen Empedokles[2] seine Wahrheit mit religiöser Inbrunst verkündet und diese vor allem in den Verherrlichungen Epikurs beinahe auf die Stufe göttlicher Offenbarung stellt,[3] so ist sein Wissen doch vor allem aus philosophisch-naturwissenschaftlicher Erkenntnis erwachsen.

Die Augusteer hingegen haben ihrem Dichtertum in engem Anschluß an die alte griechische Auffassung eine metaphysische Be-

---

[1] z. B. Plat. Phaidr. 245a. Thuk. 1, 22, 4. Arist. batr. (Agon) 1008ff., 1055 usw. Hor. ars 333ff. vgl. W. Kraus, Die Auffassung des Dichterberufes im frühen Griechentum, WSt. 68, 1955, 65ff. W. Jaeger, Paideia, Berlin 1959⁴, I 63ff., 69ff. (Homer); 180ff. (Lyrik), 285 (Pindar). Kroll 64ff.

[2] Lucr. 1, 716ff. Klingner 197ff.   [3] 2, 7ff. 3, 15; 28. 5, 8; 19; 51ff.

gründung gegeben: Das Dichterwort ist für sie nicht mehr bloß er-
götzendes Menschenwerk, sondern eine göttliche, schwer verpflichtende Offenbarung der höchsten Wahrheit. Die Dichtung, als wahre
und eigentlichste Musenkunst, ist nach ihrer Anschauung der ver-
nehmbare Ausdruck des Göttlichen an sich und schließt göttliche
Weisheit und Harmonie in sich.[4] In ähnlicher Weise hat Pindar in
seiner 1. pythischen Ode die Musik als göttliche Harmonie verstanden, die sowohl den Olymp als auch die Erde durchwaltet.[5] Auch
in der Vorstellung von der göttlichen Inspiration, die den Dichter
zum Schaffen begeistert, stehen die Augusteer der alten griechischen
Auffassung sehr nahe, wie sie uns in der demokritisch-platonischen
Inspirationstheorie entgegentritt.[6] Der Dichter schafft in einem
ekstatischen Zustand des Taumels, in welchem eine göttliche Macht
über ihn kommt und ihm seine Dichtung als ein höheres Wissen
eingibt. Wenn auch Horaz in seinen Literaturbriefen alexandrinischer Tradition gemäß und in betontem Gegensatz zu der genia-
lischen Strömung unter den zeitgenössischen Dichtern das sorgfältige
Ausfeilen der äußeren Form, das Handwerkliche des Dichtens, fast
ausschließlich hervorhebt,[7] so wird doch aus vielen Stellen der Oden
deutlich, daß ihm die eigentliche schöpferische Kraft aus einer göttlichen, höheren Sphäre kommt.

Aus der engen Beziehung des Dichters zum Göttlichen erhalten
auch die traditionellen Bezeichnungen des Dichters als Liebling,
Diener oder Prophet der Musen[8] bei den Augusteern eine neue und
ursprüngliche Bedeutung. Sie fühlen sich als heilige Priester der
Musen, als *vates*[9], und empfinden und beanspruchen diese Stellung
mit einem tiefen und religiösen Ernst, den wir nicht einmal bei den
frühesten griechischen Dichtern in so starker Ausprägung antreffen.[10]

[4] Hor. carm. 3, 4.   [5] KLINGNER 740ff.   [6] KROLL 24ff., vgl. u. S. 63.
[7] epist. 2, 2, 109—25. ars 408—18.
[8] Liebling: Kall. ait. I frg. 1, 37f. Theokr. 11, 6. Μουσάων θεράπων
    Hes. theog. 100. Hom. h. 32, 20. Archil. 1 (D). Theogn. 769. Arist. orn.
    909, 913. Eur. El. 717. ἀοίδιμον Πιερίδων προφάταν Pind. Paian 6,
    6, vgl. frg. 150. ὑποφήτης Theokr. 22, 116. ἑρμηνεύς Plat. Ion 534e.
[9] Vgl. H. DAHLMANN, Vates, Philol. 97, 1948, 337ff.
[10] Hor. carm. 3, 1, 1ff. *Musarumque sacerdos.* vgl. 4, 9, 28. Verg. georg.
    2, 475f. *Musae, / quarum sacra fero.* Prop. 3, 1, 3f. *primus ego ingre-
    dior puro de fonte sacerdos / Itala per Graios orgia ferre choros.* 4, 6,
    1ff. *sacra facit vates* ...

Aus dieser priesterlichen Würde, welche die frühen Augusteer ihrem Dichtertum beilegen, erwächst ihnen auch eine ernste und verpflichtende Aufgabe in der Erziehung und geistigen Erneuerung des durch Bürgerkriege verwahrlosten und innerlich heimatlos gewordenen Menschentums durch neue moralische Werte und neue Ideale. Auf geistiger Basis bauen sie am Gebäude des jungen Staatswesens, das Oktavian-Augustus in militärischer und politischer Hinsicht begründet, indem auch er auf alte unverdorbene, allerdings vor allem römische Werte zurückgreift; als Mitschöpfer einer neuen Staatsidee auf der Grundlage eines moralisch und geistig gesunden Volkes sind sie also in ihrem tiefsten Wesen augusteische Dichter.

In großem Gegensatz zum Bewußtsein der hohen priesterlichen Dichterwürde steht die wirkliche Bedeutung des Dichters in Rom, der noch zu Beginn der augusteischen Epoche nur in kleinen, kulturtragenden Kreisen anerkannt ist. Die gewaltige Kluft zwischen der mächtigen, ehrfurchtheischenden Pose eines offenbarenden Priesters und der faktischen Stellung des römischen Dichters, zwischen Einbildung und Wirklichkeit, zwischen griechischem und römischem Dichtertum wird vor allem bei den pathetischen, stolzen Äußerungen des Horaz mit aller Schärfe bewußt (bes. carm. 3, 1, 1ff.).[11] Während in der griechischen Welt Dichtung und Dichter von allem Anfang an im kultischen und gesellschaftlichen Leben eine unentbehrliche Rolle spielten, sind sie in Rom Außenseiter der maßgebenden Gesellschaft und wenig geachtet. Im Gegensatz zur Prosaschriftstellerei, die bei den Römern früh Aufnahme und Anerkennung gefunden hat, bleibt das Dichten lange Zeit ein wenig ernst zu nehmendes, überflüssiges, eines vornehmen Römers unwürdiges Tun. Es kostete einen zähen und langwierigen Kampf, bis der Dichtkunst in der römischen Gesellschaft und Öffentlichkeit allmählich ein würdiger Platz erobert war[12]; und erst die augusteischen Dichter haben durch eine metaphysische Begründung und geistige Vertiefung ihrem Dichtertum in Rom eine Stellung errungen, die neben dem militärischen und politischen Wirken als gleichwertig anerkannt werden sollte. Manches in diesem Kampf erinnert an die

---

[11] Fraenkel 36ff.
[12] Vgl. R. Till, Die Anerkennung des literarischen Schaffens in Rom, NJb. 3, 1940, 161ff., Klingner, Dichter und Dichtkunst im alten Rom, 160ff.

Auseinandersetzungen Ciceros, der für seine innenpolitischen, un-
militärischen Leistungen dieselbe Geltung beanspruchte wie für die
von allen gefeierten kriegerischen Erfolge.[13] Horaz hat für die Anerkennung des Dichtertums in Rom mit seinen vielen stolzen, oft
überheblich klingenden Ansprüchen und seiner pathetischen Betonung der Dichterwürde Entscheidendes geleistet.[14]

Die zahlreichen programmatischen Äußerungen, die wir bei den
Augusteern, insbesondere bei Horaz finden, sind einer doppelten
Ursache entsprungen, einer inneren und einer äußeren:

Das Bewußtwerden neuer dichterischer Kräfte und Möglichkeiten
und großer, in die Öffentlichkeit weisender Aufgaben ruft nach
einer neuen Konzeption des Dichtertums, nach der programmatischen, dichterischen Gestaltung dieser priesterlichen Würde, der
inspirierenden Mächte, der übernatürlichen Erlebnisse im Bann der
Musen. Besonders bei Horaz, der sich so klar und oft über sein
dichterisches Schaffen und den Moment der göttlichen Ergriffenheit
ausgesprochen hat wie kaum je ein antiker Dichter, können wir ein
tiefes inneres Bedürfnis nach Reflexion auch über die dichterischen
Vorgänge wahrnehmen. Denn in seiner Dichtung, die zum größten
Teil Selbstdarstellung ist und auch alles Fremde in der Spiegelung
seines persönlichen Ichs darstellt, sucht er sein ganzes Dasein, sein
Denken und Tun, jede Regung seines Innern zu erfassen und fest-
zuhalten.

Anderseits stehen die römische Gesellschaft, der einseitig politisch
und militärisch ausgerichtete Sinn der meisten führenden Römer,
die auf alles zweckfreie, sich selbst genügende geistige Tun mit
kühler Mißachtung blicken, dem hohen Anspruch der Dichter entgegen, drängen sie zu einer kämpferischen Haltung und nötigen sie,
ihre neuen Werte entschieden zu proklamieren und dem als gültig
Anerkannten als mindestens ebenbürtig an die Seite zu stellen.

Die Mittel zur Erneuerung und geistigen Hebung ihres Dichtertums finden die augusteischen Dichter in der griechischen Welt, in
der griechischen Dichtung. Denn das Griechentum verkörpert für
die Römer die Sphäre des Geistigen und der Kunst. Durch die Auf-

---

[13] *togati me uno togato duce et imperatore vicistis* Catil. 3, 23. *omnis
trimuphos meos* ebd. 26, vgl. 27. *cedant arma togae, concedat laurea
linguae* carm. frg. 16 (M), vgl. off. 1, 77ff.

[14] R. HEINZE, Die augusteische Kultur, Leipzig und Berlin, 1933[2], 138f.

nahme griechischer Namen und Motive, griechischer Mythen und griechischer Örtlichkeiten vermögen sie auch ihrer eigenen Dichtung und ihrem Dichtertum erhöhte geistige Bedeutung zu verleihen.[15]

Wohl die entscheidendste, weit in die Zukunft wirksame Leistung ist die Schöpfung einer eigenen Dichterwelt,[16] die der griechische Dichter nicht gekannt und, da er in der Öffentlichkeit eine feste, anerkannte Stellung innehatte, auch nicht gebraucht hat. Auch dieser neue römische Dichterbereich ist von den zwei Grundkräften geprägt, welche das augusteische Dichtertum bestimmen: Er ist getragen vom Glauben an eine höhere Wirklichkeit, in die dem Dichter als dem Liebling der Götter Zugang gewährt ist, die ihm Schutz und Frieden gewährt in einer wirren und heillosen Zeit; anderseits stellt er den politischen, militärischen Werten der römischen Welt eine überzeitliche Wirklichkeit entgegen. Snell hat einleuchtend gezeigt, wie Vergil sich in der Traumwelt Arkadiens eine Sphäre des göttlichen Friedens und eines goldenen, glücklichen Daseins geschaffen hat, in der Dichten und Leben, Idealwelt und Wirklichkeit in einer inneren, vollkommenen Harmonie aufgehen. Bei der Erwähnung der Schlußpartie der horazischen Ode I 1 hat er bereits darauf aufmerksam gemacht, daß es auch für Horaz einen ähnlichen Bereich der geistigen und dichterischen Werte gibt: „Horaz spricht nicht von Arkadien, aber auch für ihn gibt es offenbar einen Bezirk, zu dem der Dichter Zutritt hat, der aber dem gewöhnlichen Sterblichen verschlossen ist, wo die Würde des Geistigen, die Zartheit des Seelischen und die Schönheit lebt."[17] Dieser Hinweis und manche Bemerkungen Heinzes im Kommentar zu den horazischen Oden haben den Anstoß zu vorliegender Arbeit gegeben, welche die Elemente dieses „Bezirkes" und dessen Bedeutung für das Dichtertum des Horaz untersuchen will.

---

[15] SNELL 396ff.
[16] F. KLINGNER, Würde der Dichtkunst, München. Universitätsreden, N. F. 18, 1956, 4ff.
[17] SNELL 396.

I. TEIL

Die erste Odensammlung

(I–III)

1. Kapitel

ENTRÜCKUNG

1. Das Proömium der Ode I 12

In mächtig pindarischem Atem schwingt sich Horaz zu seinem höchsten und unmittelbarsten Preis des römischen Princeps empor; pindarisch ist das Thema, ein Enkomion auf einen Herrscher, pindarisch Gewalt und Kühnheit der Sprache, pindarisch die weitgespannte Gliederung in mächtige Triaden, die an den chorlyrischen Strophenbau erinnern. Mit den Worten der zweiten olympischen Ode beginnt das Gedicht, das sich trotz der so offensichtlichen Nähe zu Pindar in Geist, Komposition und Einzelmotiven als ein tiefrömisches Werk erweist.[1]

Uns interessiert hier vor allem das Proömium, die Verse 1—12.

> Quem virum aut heroa lyra vel acri
> tibia sumis celebrare, Clio?
> quem deum? cuius recinet iocosa
>   nomen imago
>
> aut in umbrosis Heliconis oris   5
> aut super Pindo gelidove in Haemo?
> unde vocalem temere insecutae
>   Orphea silvae,
>
> arte materna rapidos morantem
> fluminum lapsus celerisque ventos,   10
> blandum et auritas fidibus canoris
>   ducere quercus.

Während Pindar sich nach einer kurzen Frage an die Hymnen sogleich dem Ziel seines Preisliedes, Theron und dessen olympischem Wagensieg, zuwendet, führt Horaz in der ganzen ersten Triade sein persönliches dichterisches Erlebnis aus und nimmt den eigent-

---

[1] KH Einleitung. WILI 145 m. Anm.

lichen Preis erst wieder in der vierten Strophe mit einer erneuten
Frage auf. Der römische Dichter hat das Bedürfnis, den schöpferischen Akt, den er als ein Empfangen des göttlichen Wortes erlebt,
ausführlich und prunkvoll in immer neuen Motiven zu schildern.
Mythische Bilder, griechische Namen und Vorstellungen beschwören
eine gehobene, geistige Welt.[2] Bloße Übernahme von alten, abgegriffenen Topoi vermag jedoch nicht der römischen Dichtung neue
Würde und Höhe zu verleihen, sondern überall vollzieht sich zugleich eine tiefgreifende Wandlung, die das griechische Gefäß gleichsam mit neuem, wesentlich römischem Gehalt füllt. Dieses Neue
tritt uns vor allem in der Eindringlichkeit der Aussage entgegen.

Der übliche, epische Musenanruf, wie er seit Homer in der griechischen Dichtung verwendet und von den Römern übernommen
worden ist, genügt Horaz nicht mehr. Auch er kennt zwar, wie
Catull und zum Teil Vergil, den kurzen Anruf; aber sogar dort,
wo er sich auf traditionellen Bahnen bewegt, können wir die Ten-
denz wahrnehmen, den farblosen, abgewaschenen Wendungen durch
konkretere Vorstellungen neues Leben und bildhafte Anschaulichkeit zu verleihen.[3] In der Ode I 12 fordert Horaz die Muse statt
durch den traditionellen, abgegriffenen Anruf in einer mehrteiligen
Frage, die formal und inhaltlich einem Gebet sehr nahe kommt,[4]
zum Lied auf. Unmerklich gleitet die Bitte zur Erfüllung über,
die zwar nicht gegenwärtig geschildert, aber doch in der Phantasie
vorauserlebt wird: Der Dichter wird auf dem Helikon das Leier-
oder Flötenspiel der Muse vernehmen, neckisch zurückgegeben von
der Nymphe Echo; er wird auf dem Pindus oder dem eisigkalten
Haemus weilen, wo Orpheus durch sein bezauberndes Spiel Natur
und Tiere gebannt hat. Eine ganze Welt tut sich auf nach den Ein-

---

[2] KLINGNER, Über das Lob des Landlebens in Virgils Georgica, H 66,
1931, 175f. SNELL 396ff.

[3] Beispiele für den epischen Musenanruf: gr.: Hom. Il. 1, 1. Od. 1, 1.
Hes. theog. 104ff. Pind. Pyth. 1, 58. 4, 3. 11, 41. Ap. Rh. 3, 1. 4, 1f.
4, 984f. Kall. (Jamb. 13) frg. 203, 1.
lat.: Catull. 1, 9. 68, 41. Verg. ecl. 4, 1. 6, 13. 8, 63. georg. 4, 315.
Aen. 7, 641. 9, 77. Tib. 4, 2, 21. 3, 1, 5 (Lygd.) Prop. 2, 10, 11f.
4, 6, 11f. Ov. trist. 4, 9, 31. Hor. carm. 2, 1, 37. epist. 1, 8, 2. carm.
1, 26, 6ff.

[4] KLINGNER, Das Musengedicht, 381.

gangsfragen, ein phantastischer, unwirklicher Bereich, in welchen der Dichter mit Hilfe der Muse eindringen darf.

Die verschiedensten Elemente der griechischen Mythologie und Dichtung bieten sich dem Dichter als Möglichkeiten an in mannigfaltiger Variation. Die daraus entspringende Häufung der Motive ist für den Römer überaus typisch; er klammert sich gewissermaßen an diese Vorstellungen, die seinem Tun höhere, geistige Würde verleihen können. Während der Musenberg Helikon bereits bei den hellenistischen Dichtern zum Dichterberg geworden ist, nimmt der Pindus im Allgemeinen keine bevorzugte Stellung ein. Unsere Stelle ist wohl als eine Reminiszenz an Vergils 10. Ecloge (V. 11) zu verstehen,[5] wo er neben den Musenbergen Parnass und Helikon als Sitz der *Naides* genannt ist. Thrakien, das für Horaz als fernes, nördliches Land einen Nimbus des Ungewöhnlichen und Besonderen trägt,[6] ist hier vor allem als Heimat des Orpheus erwähnt, in dessen bezaubernder Sangesmacht das Proömium seinen Höhepunkt und breitausgeführten Abschluß findet. Am deutlichsten zeigt uns diese Gestalt des Orpheus, welche Bedeutung den griechischen Motiven im Dichtertum des Römers Horaz zukommt. Während Orpheus im Griechischen in mannigfache Sagenkomplexe versponnen ist[7] und außerdem als Religionsstifter eine große Rolle spielt, greifen die Römer e i n e Komponente des vielseitigen Wesens, die des Sängers heraus. Außer der oftgestalteten Sage von Orpheus und Eurydike[8] erscheint Orpheus in der römischen Dichtung häufig als das Urbild eines Sängers und Dichters von beispielhafter, symbolischer Bedeutung. Denn die römischen Dichter verwenden das Orpheusmotiv nicht bloß als ausschmückende Sage, sondern sie übertragen die allbezwingende Macht seines Gesanges auf ihre eigene Dichtung, indem sie sich mit dem mythischen Sänger identifizieren.[9] Auf diese

---

[5] So KH z. St.   [6] Hor. epist. 1, 16, 13. 1, 3, 3.

[7] Argonautenzug, Gang in die Unterwelt, Bindungen an verschiedenste Lokalitäten; vgl. ROSCHER, Lex. myth. III 1082ff. 1108ff. Macht des Gesanges 1115f.

[8] Verg. georg. 4, 454ff. Ov. met. 10, 1ff. Culex 268ff. Sen. Herc. O. 1061ff.

[9] Vergil ecl. 6, 70f. überträgt die Macht des Orpheus auf Hesiod; Horaz carm. 1, 24, 13. 3, 11, 13ff. (zum Teil mit denselben Ausdrücken wie in carm. 1, 12, 7ff.) und Properz 2, 13, 5ff. (vgl. 3, 2, 1f.) identifizieren sich selbst mit ihm.

Weise ist der Mythos zum Dichtersymbol geworden, das dem Dichtertum der Römer erhöhte Würde und Kraft verleiht. Durch die
Schilderung des Orpheus gewinnt auch Horaz selbst Anteil an dessen magischer Kraft, überträgt er das göttliche Wesen des Ursängers
auf sich selbst. Deshalb ist ihm so viel an der Ausführung dieses
Beispiels gelegen.[10] Er beansprucht für sich ähnliche Kräfte, eine
ähnliche mythische Verbundenheit mit Natur und Göttern, eine
ähnliche irrationale, erhöhte Welt. Nicht nur „Zuversicht für den
eigenen Sang" (Heinze) schöpft Horaz aus der Erinnerung an
Orpheus.

Ähnlich verhält es sich mit den anderen griechischen Motiven,
die im Proömium der Ode I 12 das Dichtertum des Horaz adeln:
Die griechischen Namen meinen nicht die konkreten, geographischen
Berge wie bei den Griechen. Für den Römer Horaz sind sie Zeichen
einer höheren Welt, die nicht wirklich auf der Erde zu suchen ist,
sondern nur mit den Flügeln des Geistes und der Phantasie erreicht
werden kann.[11] Durch die freie Übernahme der Motive, die ihm
in der griechischen Literatur entgegentreten und für ihn die Sphäre
des Geistigen und Dichterischen verkörpern, kann sich der römische
Dichter diese geistige Welt zu eigen machen. In ihr allein können
sich seine schöpferischen Kräfte entfalten.[12]

Eine Stelle in Vergils Georgica ist mit dem Proömium unserer
Ode innerlich nahe verwandt. Das Dichtertum ist dort in den Lob-
preis des wahren, idealen Landlebens (2, 458ff.) eingebettet, indem
Vergil selbst völlig eins wird mit der geschilderten, ländlich-bäuer-
lichen Welt:

> rura mihi et rigui placeant in vallibus amnes,
> flumina amem silvasque inglorius. o ubi campi
> Spercheusque et virginibus bacchata Lacaenis
> Taygeta! o qui me gelidis convallibus Haemi
> sistat, et ingenti ramorum protegat umbra! (V. 485—89)

---

[10] Diesbezügliche Beobachtungen bei KH.
[11] SNELL 376, 396. — Nicht die „Bergeinsamkeit" (HEINZE) steht hier im
     Vordergrund, sondern die griechische Sphäre (so KIESSLING).
[12] Geringere Bedeutung weist HEINZE diesen griechischen Namen zu,
     wenn er sagt, Horaz individualisiere hier den Dichterhain, „um sich
     den Übergang zu Orpheus zu schaffen".

Während die Bauern ihr vollkommenes Glück in der beschränkten Geborgenheit des italischen Landes finden, wünscht der Dichter in griechische ländliche Gegenden entrückt zu werden. Auch hier schaffen griechische volltönende und vorstellungsreiche Namen, welche die Verse 487 und 488 einrahmen, die geistige, griechische Atmosphäre, die Vergil wie Horaz braucht, um dichten zu können.[13]

Diese einzelnen griechischen Motive werden aber in der Hand des römischen Dichters zu etwas ganz Eigenem, typisch Römischem, zur rein idealen, geweihten Dichtersphäre. Nirgends tritt uns bei den Griechen die Vorstellung entgegen, daß der Dichter jedesmal in eine ferne, überirdische Welt entrückt wird, um die musische Inspiration zu empfangen und seine Gedichte zu schaffen. Er braucht sie nicht, da sein Schaffen in der realen Welt der griechischen Gesellschaft Heimatrecht und Anerkennung genießt. Und wenn Platon (Ion 533e—34b) vom ekstatischen Zustand spricht, in dem die Dichter schaffen, so ist dabei nicht eine Entrückung in eine andere, konkret vorstellbare Welt geschildert, sondern ein rein geistiges Außer-sich-Treten und Einswerden mit dem Göttlichen. Es entspricht allgemein dem rationalen Wesen des Römers, auch den Bereich der geistigen Kräfte konkret und bildhaft darzustellen. Anderseits wird der römische Dichter dazu noch durch seine grundsätzlich andere gesellschaftliche Stellung in Rom, wo man allem geistigen Schaffen, insbesondere dem Dichten, mit Skepsis und Geringschätzung gegenübersteht, dazu gedrängt, sich eine eigene, möglichst faßbare Welt zu schaffen mit Hilfe anerkannter, bereits vorhandener Werte, um seinen Bereich der realen, politischen Welt gegenüberstellen zu können. Die Mittel dazu findet er in den mythologischen und literarischen Vorstellungen der griechischen Dichtung. Somit ist der Dichterbereich des römischen Dichters in doppelter Hinsicht grundsätzlich vom römischen Wesen her geprägt.

Der Helikon kommt in der archaischen und klassischen griechischen Dichtung nur als realer Berg vor, Sitz der Musen und des

---

[13] KLINGNER a. O. 176 „Griechische Landschaften ... bedeuten für die römischen Dichter oft weniger ein Stück Wirklichkeit, ... als etwas, was durch die griechische Dichtung über die gemeine Wirklichkeit gehoben ist und in der Welt der Dichtung besteht."

berühmten Musenheiligtums bei Askra (Paus. 9, 29ff.). Deshalb
haben die Musen schon früh den Beinamen Ἑλικωνιάδες bekom-
men.[14] Bei den hellenistischen Dichtern erscheint er jedoch bereits
als ein idealer Dichterort. Es wird allgemein angenommen,[15] daß
Kallimachos an dieser Bedeutungserweiterung entscheidenden Anteil hat, da er in den Aitia wohl parallel zur Dichterweihe des
Hesiod erzählte, daß er im Traum auf den Helikon entrückt
wurde und von den Musen (wie Hesiod) seine Dichterberufung
empfangen habe.[16] Daraus wird deutlich, daß er sich program-
matisch in die Nachfolge Hesiods stellte, der für die Alexandriner,
insbesondere Kallimachos, das große Vorbild und Stilideal des
λεπτὸν γένος war in der Auseinandersetzung mit den Kyklikern,
den Nachahmern Homers.[17] Während Hesiod aber die Begegnung
mit den Musen als ein reales Erlebnis am Helikon beim Weiden des
Viehs in der Nähe seines Heimatdorfes Askra schildert,[18] wird das
Musenerlebnis bei Kallimachos durch die Distanz des Raumes
(Alexandria) und der Zeit, die zu göttlichen Offenbarungen ein
ganz anderes Verhältnis hat, zu einer rein poetischen Fiktion: Im
Traum erlebt er das, was bei Hesiod Wirklichkeit war. Indem nun
das reale Ereignis zum weihevollen, symbolischen Akt wird, wächst
die Bedeutung des Helikon über das rein Geographische, Reale
hinaus und läßt ihn zum idealen Dichterort werden. Wie weit-
greifend die neue Vorstellung vom Helikon als Ort der Dichterweihe wirkte, können wir trotz der geringen Überlieferung der
hellenistischen Dichtung in den Epigrammen noch fassen, die oft
auf die Dichterweihe des Hesiod und Kallimachos Bezug nehmen
oder sie ausschmücken.[19] Seltener wird der Helikon in anderen Zu-

---

[14] Hes. theog. 1. erg. 658. Pind. Isth. 2, 34. Paian 7 frg. 16, 14. Eur. Her.
m. 791. Theokr. epigr. 1, 2. Anth. Pal. 7, 709, 5. 6, 336, 2 usw.

[15] WILAMOWITZ II 92ff. REITZENSTEIN 52ff. A. KAMBYLIS, Dichterweihe
und ihre Symbolik, Untersuchungen zu Hesiod, Kallimachos, Properz
und Ennius, Diss. Kiel 1959 (Masch.).

[16] Zeugnisse für die Schilderung des Kallimachos, die selbst nicht erhal-
ten ist: Schol. Flor. zu Kall. ait. I frg. 2, vgl. ait. IV frg. 112, 5f.
(Epilog). Anth. Pal. 7, 42. Prop. 2, 34, 32. Dichterweihe des Hesiod:
Kall. ait. I frg. 2.

[17] REITZENSTEIN 41ff., 48ff.

[18] K. LATTE, Hesiods Dichterweihe, Antike und Abendland 2, 1946, 152ff.

[19] Anth. Pal. 11, 24. 9, 64: Hesiod. 7, 42: Kallimachos.

sammenhängen als Dichterberg erwähnt: Antipatros von Thessalonike (um Chr. G., Anth. Pal. 9, 26) sagt, daß der Helikon neun lyrische Dichterinnen ernährt habe. In einem anonymen Epigramm (Anth. Pal. 9, 523) liegt im Beiwort „bienennährend" (μελισσόβοτος) wohl eine Anspielung auf die Dichter, die wie Bienen am Helikon ihre geistige Nahrung suchen.[20]

Größere und für uns greifbarere Bedeutung hat der Helikon als Musen- und Dichterberg bei den Römern, wo er zum eigentlichen Dichtersymbol wird. In engem Anschluß an die alexandrinische Dichtertradition empfangen viele römische Dichter ihre Berufung und Weihung auf dem Helikon.[21] In Vergils 6. Ecloge (V. 64ff.) wird Gallus in den Kreis Apollons und der Musen auf dem Helikon aufgenommen. Properz erhält wie Kallimachos im Traum seine Dichterweihe auf dem Helikon (3, 3).

Neben der Berufung, die als einmaliger Weiheakt aufgefaßt wird, hat der Helikon bei den Römern eine neue, im Griechischen nicht belegte Bedeutung[22] erhalten: Er ist zum Ort der dichterischen Inspiration schlechthin geworden, wo der Dichter jedesmal von neuem die göttliche Eingebung der Muse erlebt. Zu jedem dichterischen Akt wird er unwillkürlich auf den Helikon entrückt, wie das Horaz im Proömium der Ode I 12 erwartet. Bei Lukrez (1, 118) bringt Ennius seinen Siegerkranz vom Helikon. Vergil führt die Musen im Triumph vom Helikon nach Mantua (georg. 3, 10ff.). Er bittet in der Aeneis (7, 641 = 10, 163) in Abwandlung des Musenanrufes die Göttinnen, ihm den Zugang zum Helikon zu öffnen. Im Pisonenbrief des Horaz (ars 296f.) ist der Helikon der Ort der göttlichen Inspiration im Gegensatz zum nüchternen, auf kunstvolle Form bedachten Dichten. An anderer Stelle (epist. 2, 1, 218) bringt Horaz den Gedanken ,sich um hohe Dichtung

---

[20] Bienengleichnis vgl. u. S. 152ff.

[21] Ennius frg. 5f. (V). Zur Kontroverse, ob Ennius auf dem Parnass oder auf dem Helikon den Traum hatte, von dem er am Anfang der Annalen erzählt hat, vgl. REITZENSTEIN 63ff. und J. SCHMIDT, RE 36. Hbd., 1949, 1652ff.

[22] Ein Ansatz für wiederholtes Empfangen der Inspiration aus der Musenquelle findet sich im Epigramm des Antipatros v. Thessalonike auf Hesiod Anth. Pal. 11, 24.

bemühen' mit *Helicona petere* bildhaft zum Ausdruck.[23] Das Weilen
auf dem Helikon und das Dichten werden in der augusteischen
Dichtersprache völlig eins. Deshalb kann Properz als eine Umschreibung für das Dichten von sich sagen: *lustrare aliis Helicona
choreis* (2, 10, 1) und *me iuvet in prima coluisse Helicona
iuventa / Musarumque choris implicuisse manus* (3, 5, 19f.). Ovid
schließlich nennt die Dichter einmal schlechthin *Helicona colentes*
(Pont. 4, 2, 11).[24] Bei diesen letzten Beispielen wird spürbar, wie
die reale Vorstellung vom Musenberg im Begriffe ist, zu schwinden,
sodaß der Helikon in der Sprache der späteren Generation allmählich zum Schlagwort absinkt, eine Gefahr, die jedem allzu beliebten und häufig gebrauchten Bild oder Symbol droht. Den frühen
Augusteern jedoch, die der Vorstellung vom Helikon ihre Bedeutung verliehen haben, wurde es möglich, mit dem helikonischen
Dichterbereich, dem jede rationale Verbindung mit der Realität
fehlt, eine ideale, nur der dichterischen Phantasie und Begabung
zugängliche Welt zu schaffen. Mit dieser imaginären Welt der
geistigen und dichterischen Werte gewinnt der römische Dichter
durch ihren götternahen Charakter gegenüber der Öffentlichkeit
neue Geltung und neues Ansehen und in sich selbst Zutrauen und
Selbstbewußtsein.

Horaz verwendet das Helikonmotiv dreimal in den Episteln
bei allgemeinen literarischen Erörterungen. Höchst bezeichnend für
die Geläufigkeit des Motives ist eine komisch-spöttische Umbildung
im Augustusbrief (2, 1, 26f.), wo die Albanerberge die Stelle des
inspirierenden Helikon einnehmen. In den Oden hingegen findet
sich der Helikon nur im Proömium der Ode I 12. Dies zeigt, wie
sparsam Horaz im Gegensatz zu Properz und Ovid[25] mit traditionellen Motiven umgeht.

Bei der Betrachtung dieser einen Stelle in den Oden fällt auf,
wie bildhaft und wenig traditionell Horaz vom Helikon spricht.

---

[23] Bereits bei Catull findet sich die bildhafte Verwendung im scherz-
haften Epigramm 105, 1: *Pipleum scandere montem.*
[24] Weitere Belege bei Ovid: trist. 4, 1, 50; 10, 23; 10, 120. Auch bei
Späteren beliebt: Pers. 5, 7. Sil. 12, 411ff. 14, 30. Spöttisch Eumolpius
bei Petr. 118, 1.
[25] Prop. 3, 3, 1. 2, 10, 1. 3, 5, 19. Ov. trist. 4, 10, 23; 120. Pont. 4, 2,
11 usw.

Im Gegensatz zu den meisten recht formelhaften Erwähnungen des Helikon bei anderen Dichtern haben wir hier eine wirkliche, wenn auch poetisch vage Landschaftsvorstellung: *in umbrosis Heliconis oris* (V. 5). *Orae,* das bei Horaz öfters eine ferne Gegend oder ein Randgebiet der Oekumene bezeichnet, bringt ein Element der Ferne und des Entrücktseins in die Schilderung hinein.[26] Poetisch wirkt das auf *orae* bezogene Attribut *umbrosus.* Die geographische Wirklichkeit des Musentales, dessen fruchtbarer Boden zur Zeit des Pausanias veredelte Bäume trug,[27] kommt dem horazischen Landschaftsempfinden in hohem Maße entgegen, in dem das Element des schattigen Waldes von ausgeprägter Bedeutung ist.[28] Vergleichbar ist nur eine Schilderung des Properz, die in ihrer gesteigerten Weichheit der bukolischen Idylle sehr nahe steht: *visus eram molli recubans Heliconis in umbra* (3, 3, 1).

Das Helikonmotiv gehört also zu den wesentlichsten Bausteinen, mit denen sich die Augusteer und besonders Horaz einen eigenen, römisch geprägten Dichterbereich geschaffen haben. Wenn es Horaz auch im Gegensatz zu Properz und Ovid in den Oden nur einmal verwendet, so wird uns doch aus anderen Stellen noch deutlich werden, wie tiefgreifend die Vorstellung bei ihm gewirkt und zu einer eigenen, völlig neuen Konzeption beigetragen hat.

2. *Das Proömium der Ode III 4*

Descende caelo et dic age tibia
regina longum Calliope melos,
seu voce nunc mavis acuta,
seu fidibus citharave Phoebi.

---

[26] KIESSLING z. St.: „*ora* das Ende (der Strand als Ende des Festlandes) dient im Plural, wie *fines,* ganz allgemein zur Bezeichnung eines Landstriches, aber stets mit der Färbung der Ferne, so *Armeniis in oris* II 9, 4." Ähnlich Hor. carm. 1, 12, 55. 1, 26, 4. 3, 3, 45f. 4, 14, 6. epist. 1, 3, 1; überall bedeuten sie ferne Gegenden oder Randgebiete der Oekumene.

[27] Paus. 9, 28, 1: ὁ δὲ ῾Ελικὼν ὀρῶν τῶν ἐν τῇ ῾Ελλάδι ἐν τοῖς μάλιστά ἐστιν εὔγεως καὶ δένδρων ἡμέρων ἀνάπλεως.

[28] Vgl. u. S. 84f.

auditis? an me ludit amabilis   5
insania? audire et videor pios
  errare per lucos, amoenae
    quos et aquae subeunt et aurae.

Das große hymnische Musengedicht beginnt mit einer Aufforderung an Calliope, vom Himmel herabzusteigen und selbst ein
Lied zu singen. Indem Horaz der Muse wie in der Ode I 12 nach
altem Gebetsstil verschiedene Möglichkeiten, Gesang oder Lyra, zur
Wahl stellt,[29] verleiht er dem Proömium erhöhte Feierlichkeit, die das
longum melos, den großen Hymnus auf die Musen und ihren Wir-
kungsbereich, würdig einleitet. Es ist bedeutungsvoll, daß auch hier
eine pindarisierende,[30] hohe Ode mit hymnischen, feierlichen Eingangsversen anhebt. Wie oft bei Pindar werden der hymnische Preis
auf eine Gottheit und der Mythos mit der Verherrlichung eines
irdischen Herrschers vereinigt. Auch hier wie in der Ode I 12 steht
die weise, von göttlicher Einsicht gelenkte Kriegsführung und Herrschaft des Augustus im Zentrum des Liedes.[31] In ähnlicher Weise
geht auch das Gebet in Erfüllung: Kaum hat der Dichter die Bitte
ausgesprochen, vernimmt er die göttliche Stimme. Er fühlt sich in
eine ferne, liebliche Landschaft entrückt, glaubt durch einen Hain
zu wandeln, der von Wassern und kühlen Lüften durchrauscht ist.

Es ist nicht das einzige Mal, daß es Horaz gelockt hat, den
Moment der göttlichen Ergriffenheit und des Taumels dichterisch
zu gestalten.[32] Denn es ist ein tiefes Anliegen des augusteischen
vates Horaz, die göttliche Herkunft seiner hohen Dichtung immer
wieder bewußt zu machen und im dichterischen Bild schaubar zum
Ausdruck zu bringen. Vollends in der Bacchusode III 25 hat Horaz
ein ganzes Gedicht der Schilderung des ekstatischen Zustandes im
schöpferischen Akt gewidmet.[33] In diesen beiden Gedichten, in
denen der Augenblick der Ekstase selbst festgehalten werden soll,
stellen sich für die Darstellung große Schwierigkeiten, die in der
Sache selbst begründet sind: Da jedes Formulieren eines inneren
Erlebnisses sogleich eine Trennung zwischen Subjekt und Objekt
mit sich bringt, finden wir auch in unserer Ode einen eigentümlichen

---

[29] Vgl. o. S. 20, Anm. 4.   [30] Vgl. u. S. 101, Anm. 3.
[31] Vgl. u. S. 101.   [32] Vgl. o. S. 19f.   [33] Vgl. u. S. 47ff.

Zwiespalt zwischen dem unmittelbaren Erlebnis einer momentanen Entrückung und einem ordnenden, definierenden Zusehen von außen.[34] Die Fragen (V. 5f.) bringen ein fremdes Element hinein, indem Horaz sich an ein Publikum wendet, welches das Ereignis von einem anderen, objektiven Standpunkt aus gleichfalls miterlebt. Die Formulierung als Doppelfrage *auditis? an me ludit amabilis insania?*, die zwei Möglichkeiten in Betracht zieht, läßt das Moment der Reflexion über das irrationale Erlebnis die Oberhand gewinnen, und vollends das *videor errare* erweckt den Eindruck, als ob Horaz von außen her zuschauend seinen Zustand als eine Vision erkennte. Und trotzdem spüren wir in der Schilderung eine entrückte, visionäre Ferne, die vor allem in der Landschaft zum Ausdruck kommt. Sie wird traumhaft lebendig im lieblichen Hain.

Die poetische Sprache erfüllt diese Landschaft mit einer zauberhaften, stimmungsvollen Atmosphäre, in welcher statt eines exakten, optischen Eindrucks vage, allgemeine Elemente begegnen und nur die ruhige, gelöste Stimmung empfunden wird. Das gefühlsbetonte Adjektiv *amoenae*, der poetische Ausdruck *aurae*,[35] die ungenaue, dichterische Formulierung *aquae*,[36] verleihen der Landschaft idealen Glanz und eine Feierlichkeit, die von religiösem Empfinden getragen ist. Dieser liebliche Hain, in den Horaz nur im Geist entrückt wird, wie *videor* deutlich zu erkennen gibt, ist eine unwirkliche, rein ideale Welt, die zwar auch reale Züge trägt, aber doch nicht lokalisiert werden kann.[37] Während Horaz in der Ode I 12 die Idealität der Landschaft, in die er entrückt wird, mit griechischen Namen und Vorstellungen zum Ausdruck bringt, bleibt hier der Hain, in dem der Dichter wandelt, unbestimmt; es ist nicht möglich, einen konkreten Namen für diese traumhaft entrückte Welt zu finden; sie ist fern, geistig, göttlich.

Die religiöse Atmosphäre ist im Gegensatz zu den rein mythischen Anklängen der Ode I 12 spürbar vorhanden. Der Dichter weilt im heiligen Hain der Muse *per pios lucos.* Der Begriff *lucus*

---

[34] THEILER 259 (7).

[35] Thes. l. L. II 1471, 59ff.

[36] Unbestimmt, ob Quelle oder Fluß gemeint ist! *aquae* als Quell- oder Flußwasser selten ohne nähere Charakterisierung, vgl. Thes. l. L. II 353.

[37] Anders PASQUALI 692 „no, non s' inganna: davvero egli si vede trasportato sui monti, sulle alture che coronano la sua Venosa."

wird von Horaz ausschließlich für einen Hain verwendet, der einer
Gottheit geweiht ist, während *nemus* der umfassendere, allgemeinere Begriff ist.[38] *Pius* anderseits ist die Eigenschaft des Dichters,
welche auf den Hain übertragen wird.[39] Diese Übertragung ist bei
Horaz jedoch nichts Künstliches oder stilistisch Bedingtes, sondern
eine Erscheinung, die wir bei seinen Landschaftsschilderungen öfters
antreffen, da die Landschaft ganz subjektiv in die Empfindungs-
welt des Menschen einbezogen wird, sodaß die Scheidung zwischen
objektiver Tatsache und subjektivem Erleben fließend ist.[40] Die
Frömmigkeit ist eine wesentliche Eigenschaft des augusteischen Dichters, der sein Dichtertum als ein heiliges Priesteramt auffaßt. Er
empfängt übermenschliches Wissen von den Musen, denen er als
Musarum sacerdos (carm. 3, 1, 3) dient. Im Proömium der Römeroden tritt er mit den ehrfurchtgebietenden, strengen Worten eines
orphischen Priesters[41] vor das Volk, dem er kraft seines Priester-
amtes aus höherer Einsicht neue Wahrheit verkündet *(carmina non
prius audita)*. In unserer Ode ist dieses Verhältnis zur Muse stiller
und verhaltener zum Ausdruck gebracht, indem der Blick mehr nach
innen und oben gewendet ist, auf das Wesen des frommen Priester-
Dichters und die göttliche, allweise Macht der Muse, die sich
ihm und damit der Welt offenbart. In den Hain, die heilige Stätte
dieser Gottheit, fühlt sich der Dichter als auserwählter, priester-
licher Mensch entrückt, um ein neues Zeichen ihrer Gnade zu empfangen und in der Verkündigung des Vernommenen ihr zu dienen.
In wunderbar symbolischer Sprache ist das Zusammenwirken der
göttlichen und menschlichen Kräfte, das im augusteischen Dichtertum ganz neu empfunden wird,[42] zum Ausdruck gebracht in der
sprachlichen Formulierung: Der Hain, dessen Wesen von der Gottheit und vom Menschen her geprägt ist, heißt *lucus — pius*.

---

[38] lucus: carm. 1, 7, 13. 1, 12, 60. 1, 4, 11 ars 16. Vgl. bes. *virtutem
verba putas et / lucum ligna* epist. 1, 6, 31f.

[39] KH vergleichen *parum casti luci* (carm. 1, 12, 59f.), die Stätte der
incesti, und *sedes piorum* (carm. 2, 13, 23) sowie *sedes pia* (Culex
39; 375).

[40] Vgl. u. S. 73.

[41] KH z. St. — HEINZE, Der Zyklus der Römeroden, in: Vom Geist des
Römertums, Darmstadt 1960³, 203. Vergleichbar Arist. batr. 354ff.

[42] Vgl. u. S. 117f.

Wenn wir nach Vorbildern für die geistige Entrückung in einen Musenhain fragen, können wir zunächst feststellen, daß weder bei den Römern vor Horaz noch in der griechischen Dichtung, soweit sie uns erhalten ist, etwas unmittelbar Vergleichbares zu finden ist. In zwei öfters wiederkehrenden poetischen Motiven können wir jedoch Ansatzpunkte für die römische Vorstellung vom Musenhain sehen.

In erster Linie ist wiederum die Helikontradition zu nennen: Am Helikon liegt das berühmte Musenheiligtum, in der Nähe von Askra. Im 3. Jahrhundert v. Chr. ist es erneut zu großer Bedeutung gelangt, wie wir aus der Neuordnung der Festspiele schließen können.[43] Pausanias (9, 29f.) spricht ausführlich vom Musenhain mit Götterbildern, Quellen und Tempeln. Die Musenquelle Hippukrene, aus der Hesiod nach hellenistischer Version inspirierenden Trunk geschöpft haben soll (Anth. Pal. 9, 64. 11, 24), befindet sich nur zwanzig Stadien oberhalb des Musenhaines (Paus. 9, 31, 3). Deshalb liegt es nahe, die Musenbegegnung Hesiods mit dem heiligen Hain in Verbindung zu bringen und nicht nur den Helikon insgesamt zum Ort des Musenerlebnisses zu machen, sondern speziell im Musenhain die Stätte der musischen Offenbarung zu sehen. Während aber das Motiv des Quelltrunkes zu einem bereits in der hellenistischen Dichtung weitverbreiteten Dichtersymbol geworden ist, finden wir den Musenhain nie als selbständiges Motiv verwendet. Erst bei Horaz tritt er uns zum ersten Mal als eine Idealwelt entgegen, die frei ohne Bindung an den Helikon den Bereich des Musischen darstellt.

Bereits früher als das hellenistische Helikonmotiv begegnet uns die Vorstellung eines Musengartens, aus dem die Dichter ihre Dichtung gleich Blumen pflücken: Aeschylus wirft dem Euripides in den Fröschen des Aristophanes vor, daß er dieselbe den Musen heilige Wiese absuche wie Phrynichos ... ἵνα μὴ τὸν αὐτὸν Φρυνίχῳ/λειμῶνα Μουσῶν ἱερὸν ὀφθείην δρέπων (1299 f.). Und Platon gedenkt im Zusammenhang mit dem dichterischen ἐνθουσιασμός der Äußerungen gewisser Dichter, die sagen ὅτι ἀπὸ κρηνῶν μελιρρύτων ἐκ Μουσῶν κήπων τινῶν καὶ ναπῶν δρεπόμενοι τὰ μέλη ἡμῖν φέρουσιν ὥσπερ αἱ μέλιτται, καὶ αὐτοὶ οὕτω πετόμενοι (Ion 534b). Auch sau-

---

[43] RE 16. Hbd., 1913, 7, 29ff.; IG VII 1735.

gen die Dichter-Bienen den Honig von den Blumen der Musen
(Anth. Pal. 7, 13. 9, 187). Platon und Aristophanes können für uns
als Zeugnis gelten, daß bereits die klassischen Dichter der Griechen
in metaphorischer Weise vom Dichten sprachen als einem Weilen
in Musengefilden. Diese oder ähnliche Vorstellungen mögen den
Horaz zur Schöpfung seines eigenen Dichterbereiches angeregt haben, wenn auch von einer direkten Beeinflussung oder gar Übernahme nicht gesprochen werden kann. Denn an die Stelle der
abstrakten griechischen Idee von Helikon und Musengärten tritt
bei Horaz eine wirkliche, von warmem Leben durchpulste Landschaft. Nicht ein literarisches Symbol, sondern lebendige, frische,
stimmungserfüllte Natur läßt die ideale, musische Welt zum wirklichen Erlebnis werden.

3. Die Ode I 1

a) Dichtertum

Das Widmungsgedicht an Mäzen, eine der spätesten Oden der
ersten Sammlung, ist eine eigentliche Ouvertüre zum ganzen lyrischen Werk des Horaz: Wendungen und Motive aus vielen Oden
klingen in bunter Bilderfolge auf[44] und finden abschließend ihren
Höhepunkt in der Darstellung des Dichtertums, das im Werk wie
auch im Leben des Horaz die geistige Mitte ist.[45] Indem er der
beliebten griechischen Form der Priamel neue Kraft und frisches
Leben verleiht, wird es ihm möglich, seinen Anspruch, den griechischen Lyrikern als ebenbürtig zu gelten, in gewaltiger Steigerung
hervorzuheben. Aber noch liegt die Erfüllung seines höchsten Wun-
sches, als *Romanae fidicen lyrae* (carm. 4, 3, 23) anerkannt zu
werden, in ferner Zukunft. Wird seine große Tat, die Neubelebung

---

[44] Zum Einzelnen vgl. FRAENKEL 230.

[45] FRAENKEL 232f. vergleicht höchst aufschlußreich unsere Ode mit dem
Einleitungsgedicht des Catull, wo der Anruf an die Muse in traditio-
neller Form lose angehängt ist und das Hauptgewicht auf dem Werk
liegt. Bei Horaz hingegen bildet das Dichtertum, das in göttlicher
Welt begründet ist und mit dem er sich an die alten griechischen
Lyriker anschließt, den Höhepunkt der Ode.

der äolischen Lyrik aus römischem Geist, *princeps Aeolium carmen ad Italos / deduxisse modos* (carm. 3, 30, 13f.), in Rom das ersehnte Echo finden? Wird Mäzen ihn den großen griechischen Vorbildern gleichstellen? Erst die Schlußode III 30, die ungefähr gleichzeitig als bewußtes Gegenstück zum Widmungsgedicht komponiert worden ist,[46] gibt in stolzesten Tönen eine Antwort auf diese Fragen. In I 1 ist alles noch in der Schwebe, obschon der Dichter bereits hier seinem Selbstbewußtsein, das ihn aus dem großen Haufen der Alltagsmenschen heraushebt und die Würde seines Dichterberufes mit Stolz empfinden läßt, deutlichen Ausdruck verleiht.

Obschon zu ihrem größten Teil Selbstdarstellung, ist die horazische Dichtung in einer doppelten Weise eng an die führende römische Gesellschaft gebunden: Wie alle antike Dichtung ist auch sie ihrem Wesen nach dialogisch, ruht nicht allein in sich selbst, sondern drängt hinaus zu einem Du — einem einzelnen befreundeten Menschen oder zur römischen Öffentlichkeit insgesamt, oft in belehrender Absicht — und kann erst in dieser Zwiesprache ihre Erfüllung finden.[47] Anderseits ist Horaz auch persönlich auf das Echo seiner Umwelt angewiesen, um fruchtbar schaffen zu können, auf die Anerkennung in Rom, besonders im Mäzenaskreis; ihm genügt das eigene Wissen um seine dichterische Begabung und seine Leistungen nicht. Wie sehr ihn der Mißerfolg seiner ersten Odensammlung gelähmt hat, auf deren Veröffentlichung er große Hoffnungen gesetzt hatte, spricht deutlich aus der Absage an die Dichtung, wie sie in die Epistel I 19 eingeschlossen ist.[48] Erst die Anerkennung und besondere Auszeichnung, die ihm durch den Auftrag

---

[46] KH Einleitung zur Ode.

[47] HEINZE, Die horazische Ode, in: Vom Geist des Römertums, 172ff. Typisch für römische und überhaupt antike Auffassung sind die Klagen des verbannten Ovid: *sed neque cui recitem, quisquam est, mea carmina nec qui / auribus accipiat verba Latina suis. / ipse mihi — quid enim faciam? — scriboque legoque / tutaque iudicio littera nostra suo est* (trist. 4. 1. 89ff.). Das Dichten allein zum eigenen Trost wird hier als eine neue, ungewöhnliche Möglichkeit erkannt (vgl. trist. 4, 10, 113f.). — Wesentlich verschieden ist das deutsche Ideal des vom Publikum unabhängigen, ganz sich selbst genügenden Dichters, z. B. Goethe Tasso. Vgl. W. MUSCHG, Tragische Literaturgeschichte, Bern 1953², 658ff.

[48] In versöhnter Resignation epist. 1, 1, 10ff. ars 304ff.

des Säkularliedes im Jahre 17 zuteil wurde, vermochte seiner lyrischen Muse nach sechsjährigem Schweigen neue Lebenskraft zu verleihen.[49] Das aus diesen Ursachen erwachsende Spannungsverhältnis zwischen der Persönlichkeit des Dichters und seiner Umwelt, das durch die kämpferische Auseinandersetzung um die Anerkennung des Dichterberufes gesteigert wird, bildet die Voraussetzung für die programmatische Schlußpartie der Einleitungsode.[50]

> me doctarum hederae praemia frontium
> dis miscent superis, me gelidum nemus   30
> Nympharumque leves cum Satyris chori
> secernunt populo, si neque tibias
>
> Euterpe cohibet nec Polyhymnia
> Lesboum refugit tendere barbiton.
> quodsi me lyricis vatibus inseres,   35
> sublimi feriam sidera vertice.

In der Form einer Ringkomposition nehmen diese Schlußverse auf Motive des Anfangs Bezug, indem wörtliche Anklänge die inhaltlichen Berührungen unterstreichen:

1. An Mäzen wenden sich Anfang und Schluß. Denn seine Einstellung dem Dichtertum des Horaz gegenüber, sein Schutz (a) und seine Anerkennung (b) sind von ausschlaggebender Bedeutung.

    (a) *o et praesidium et dulce decus meum* V. 2
    (b) *quodsi me lyricis vatibus inseres* V. 35 (zweitletzter Vers!).

Während am Anfang der Ode das Schwergewicht auf Mäzen liegt, in dessen Hände alles gegeben wird, ist in den Schlußversen hauptsächlich die Stellung des Dichters betont. Die Ursache ihrer besonderen, erhabenen Bedeutung ist bei beiden in ähnlich anschaulichen Wendungen hervorgehoben: Mäzen nimmt hohen Rang ein durch

---

[49] So FRAENKEL 364f. 381f. 400 u. HOMMEL 72; anders WILI 346, 353 m. A.
[50] Die Einteilung in Strophen, die sich bei KLINGNER nicht findet, läßt sich vertreten durch die Analogie zu den Oden III 30 und IV 8 (bei KLINGNER mit Strophentrennung!) und aus dem Aufbau der Ode I 1 durch die Entsprechungen der ersten 8 Verse mit den letzten 8, wie unten gezeigt wird.

seine Abstammung von alten Königen (V. 1); Horaz berührt mit dem Scheitel die Sterne, wenn Mäzen sein Dichtertum den griechischen Lyrikern an Rang gleichsetzt (V. 35f.):

atavis regibus	lyricis vatibus	(Herkunft)
edite	sublimi sidera vertice	(Höhe)

2. Die Siegespalme erhebt den Sieger der olympischen Wagenrennen zu den Göttern (V. 3—6), der Dichterkranz hingegen verbindet den Dichter mit ihnen (V. 29f.):

palma nobilis	hederae praemia
terrarum dominos	doctarum frontium
evehit ad deos	dis miscent superis

3. Dem erfolgreichen römischen Politiker werden von den Bürgern Ehren verliehen; er steht in ihrer Gunst (V. 7f.). Horaz anderseits ist vom Volk getrennt durch sein *nemus,* das nicht in dieser Welt liegt (V. 30—34):

mobilium turba Quiritium	populo
certat tollere	secernunt

Diese Bezüge sind Absicht und wurden dem formempfindlichen antiken Hörer oder Leser bewußt. Denn es sind zudem Gegensätze, die Horaz oft und gern ausspricht:[51] Die gültigen, von allen anerkannten und geachteten Werte der öffentlichen, politischen Welt, der sich der Dichter entfremdet fühlt, werden den Idealen des Dichters gegenübergestellt.

Die geistige Sphäre der Poesie wird von Horaz nicht mit abstrakten Begriffen deutlich gemacht, sondern wie in den früher besprochenen Oden in einer höchst bildhaften Anschaulichkeit dargestellt. Wie in der Ode III 4 ist wieder der Musenhain Träger der Vorstellung der göttlichen Welt geworden, wo das Geistige, Schönheit und Kunst wohnen: Im kühlen Hain tanzen Nymphen und Satyrn, lassen die Musen ihr Spiel erklingen. Horaz bewegt sich

---

[51] Zu 1: carm. 2, 17, 21ff. 1, 20. Zu 2 und 3 vor allem carm 4, 3; vgl. unten S. 143f.

hier ganz in mythologischen Bildern. Die anmutigen, zierlichen
Reigen (*leves chori* V. 31) der Nymphen und Satyrn verkörpern
hier nicht das bacchische Element,[52] sondern diese Gottheiten der
freien Natur sind hier mythische Personifikationen der in der Natur
wirkenden Kräfte, wie sie aus griechischen Vorstellungen bekannt
sind. Horaz verwendet dasselbe anmutige Motiv auch in seinen
Frühlingsgedichten: In zierlichem Reigen tanzen dort Grazien mit
den Nymphen in der neu auflebenden Natur (carm. 4, 7, 5f.) und
werden im Mondschein von Venus geführt (carm. 1, 4, 5f.). Horaz
selbst und die gebildeten Römer seiner Zeit sind aus diesem Glauben längst herausgewachsen;[53] aber für den römischen Dichter sind
diese mythologischen Bilder, die bereits in der griechischen Dichtung
mannigfache Gestaltung gefunden haben,[54] eine willkommene Möglichkeit, in poetischem Zauber eine höhere, ideale Welt darzustellen.
Die Musenwelt dieser Ode ist deshalb von einer auffallend literarischen Prägung, vergleichbar der Helikonvorstellung in der Ode I 12.
Doch dieser griechisch-literarische Charakter beschränkt sich nicht
auf Bilder und Motive, sondern macht sich bis in die einzelne Formulierung hinein bemerkbar: Auch hier helfen die volltönenden
griechischen Musennamen, *Euterpe — Polyhymnia,* und die seltenen,
fremden Ausdrücke, *Lesboum — barbiton,*[55] welche je die Verse 33
und 34 einrahmen, die Sphäre des Geistigen und Erhabenen heraufzubeschwören. *Lyricus* ist in lateinischer Schreibung hier zum ersten
Mal bezeugt.[56] Außerdem braucht Horaz gesuchte Wendungen: Die
Verbindung von *non cohibere* (nicht hemmen = freien Lauf lassen)

---

[52] KH sehen in ihnen die Gestalten des dionysischen Thiasos und einen
Hinweis auf den Dichtergott Bacchus (Einleitung und Komm. zu V.
29/30).

[53] Anders Th. ZIELINSKI, Horace et la société romaine, Paris 1938 (Coll.
Inst. franc. Varsovie V), 122f. — Z. deutet es mehr aus innerem Erleben des Dichters.

[54] Hom. Il. 24, 615f. Hom. h. 19, 3f.; 19ff. Plat. [26] (D). Kall. h. 3,
170ff. Theokr. 13, 43f. Vgl. W. F. OTTO, Die Musen und der göttliche
Ursprung des Singens und Sagens, Darmstadt 1956, 11. Ders. Die
Menschengestalt und der Tanz, in: Die Gestalt und das Sein, Darmstadt 1959², 412ff. bes. 415.

[55] *Lesbous* nach FORCELLINI, Onom. X 104f., nur hier belegt statt des
gebräuchlichen *Lesbius. barbitos* Thes. l. L. II 1747, 23ff.

[56] KH z. St.

mit dem konkreten *tibias* ist ungewöhnlich. Dichterisch wirkt auch *barbiton* als Objekt zu *tendere* (spannen, stimmen), wo für die erwarteten Saiten das ganze Instrument genannt ist.[57] Gräzismen und gewählte Ausdrücke, „in denen ... der Poet sich kundtut" (Heinze), heben Stil und Bedeutung der Stelle und lassen auch in der Sprache das hohe, auf griechischen Geist gegründete Dichtertum erkennen.

Die literarisch gehobene Schilderung unserer Ode hat in ihrer Gesamtbedeutung und in den Einzelmotiven einen hintergründigen, stark symbolischen Charakter: Der Musenhain ist wie in der Ode III 4 das äußerst bildhafte und lebendige Symbol für jene göttliche Sphäre, in die allein dem Dichter, dem Auserwählten der Musen (vgl. carm. 4, 3), Zutritt gewährt ist. Die Gegenwart der Götter, welche hier als leibhaftige Anwesenheit der Nymphen, Satyrn und Musen[58] veranschaulicht wird, ist ein Hauptwesenszug jener Dichterwelt. Denn wie die Hirten in Vergils Arkadien,[59] so lebt Horaz im Musenhain mit den Göttern vereint. Indem die Nymphen, Satyrn und Musen die umfassende Bezeichnung *di superi*[60] (V. 30)

---

[57] KH z. St. — *cohibere*: Thes. 1. L. III 1546, 20ff.: *orationem c.* Tac. Thes. a. O. 33ff. metonymisch: Hor.; *epistulas c.* Tac. *tela* Curt. — *tendere*: FORCELLINI VI 50f., am nächsten kommt die Vorstellung von Netzen und Nerven (6ff.). Horaz folgt seinem eigenen Grundsatz, den er im Pisonenbrief theoretisch formuliert hat (ars 47—53).

[58] Mit FRAENKEL 174f. und im Gegensatz zu KH und anderen sehe ich in der Erwähnung der Musen (*si neque ... barbiton*) nicht ein neues, vom *nemus* losgelöstes Bild, sondern fasse die Verse 30—34 als eine Einheit auf: Auch die Musen sind im Hain anwesend. Der Dichter wird dort durch ihr Lied inspiriert. Damit haben wir ein geschlossenes Bild, wie es für Horaz typisch ist. Gestützt wird diese Deutung durch die Ode III 4, 5ff., wo Horaz zugleich mit der Entrückung in den Hain die Musenstimme vernimmt. Muse und *nemus* gehören für ihn zusammen.

[59] Besonders in der 5. und 10. Ekloge: 5, 20ff.; 34f. 10, 21ff. *voluptas / Panaque pastoresque tenet Dryadasque puellas* 5, 58f. *interea mixtis lustrabo Maenala Nymphis* 10, 55. 2, 45ff. 6, 13ff. Vgl. SNELL 373f.

[60] *di superi*, Götter der oberen Welt, im Gegensatz zu den Unterirdischen: Hor. carm. 1, 10, 19f. 4, 7, 18. epist. 2, 1, 138. Die beiden Sätze (V. 29—30 und 30—32) sind in ihrem geistigen Gehalt gleichbedeutend: *dis miscent superis* entspricht *secernunt populo;* Kranz und Hain sind beides Dichtersymbole.

ablösen, wird deutlich gemacht, daß auch diese mythischen Göttergestalten nicht als beschränkte göttliche Mächte aufzufassen sind,
sondern über sich selbst hinaus auf die Gesamtheit des Göttlichen
weisen. Und trotzdem ist es wesentlich, daß gerade Nymphen u n d
Musen, die Göttinnen der Natur u n d der Dichtung, das Göttliche
symbolisch zum Ausdruck bringen. Denn im Dichterhain des Horaz
ist das Zusammenwirken dieser beiden Kräfte von ausschlaggebender Bedeutung.[61]

b) Dichterwelt

Der Musenhain der Ode I 1 nimmt im Dichtertum des Horaz
eine neue und umfassendere Stellung ein als die Musenlandschaft
der früher betrachteten Oden. Dort fühlte sich Horaz im Augenblick, da er sich mit der Bitte um Inspiration an die Muse wandte,
plötzlich in eine höhere Welt entrückt und zum dichterischen Sagen
begeistert. In einer momentanen, rein geistig-visionären E n t -
r ü c k u n g empfing er auf dem Helikon oder Pindus (carm. 1, 12)
und im Musenhain (carm. 3, 4)[62] die Kraft zu hohem, politischem
Gesang, der den Hauptteil dieser Oden ausmacht. In einer anderen
Sicht erscheint der Musenhain in der programmatischen Ode I 1:
Nicht der schöpferische Augenblick, nicht plötzliche, momentane
Entrückung, sondern ein Zustand ist dargestellt in einem Bild göttlicher Harmonie. Satyrn und Nymphen tanzen, die Musen lassen
auf Flöte und Leier ihr Spiel erklingen. In dieser Atmosphäre göttlicher Erfüllung und Vollkommenheit ist auch der Dichter anwesend, ohne eine bestimmte Tätigkeit, in ruhigem, friedenerfülltem
Dasein. Während in der vorangehenden Reihe der frischen Lebens-
bilder das Streben und Handeln der Menschen im Vordergrund
steht, fehlt hier die eigene Aktivität ganz. Dichterkranz und Musenhain, die Symbole der göttlichen Berufung zum Dichter, handeln,
sie ziehen ihn in ihre göttliche Welt und trennen ihn vom alltäglichen Tun der Menschen. Was der Dichter dort erlebt, bleibt absichtlich unausgesprochen, denn es ist göttliches Geheimnis. Auch
auf dem Helikon und im Musenhain der Ode III 4 ist das eigent-

---

[61] Vgl. u. S. 50ff., 97ff.
[62] Ebenso in der Bacchusode III 25 vgl. unten S. 47ff.

liche Handeln des Dichters in völliges Dunkel gehüllt. Eines wird jedoch deutlich: Die Verse der Ode I 1 meinen nicht ein einmaliges, augenblickgebundenes Eintreten des Dichters in den göttlichen Bereich, sondern ein s t ä n d i g e s S e i n und V e r w e i l e n in jener Sphäre: Der Dichter l e b t dort; der Musenhain ist zu s e i n e r W e l t geworden. Diese ganz von geistigen Kräften geprägte Lebensmöglichkeit setzt Horaz den anerkannten Berufen und Lebensweisen als etwas unerhört Neues entgegen: ein Leben im Bereich des Göttlichen, der Harmonie und der Dichtung.

Das Schaffen einer eigenen Dichterwelt ist dem tiefen persönlichen Bedürfnis des Horaz entsprungen, Leben und Dichten auch in seinen programmatischen Äußerungen und Bildern zu vereinigen. Es wird uns immer deutlicher werden,[63] welch enge, unlösbare Einheit Menschentum und Dichtertum für Horaz bilden, wie wir das nirgends vor ihm so bewußt empfunden und ausgesprochen finden, weder bei den Griechen noch bei den Römern. In diesem Sinn bemüht sich Horaz, auch das Bild des Musen- und Dichterhaines, das durch seine Herkunft aus der griechischen Helikontradition zunächst einseitig ein literarisches Symbol der Dichtung und des Dichtens ist, tiefer mit seinem Leben und Menschentum in Einklang zu bringen. Indem er den Musenhain mit seiner Lebenswelt ideell eins werden läßt, gelingt es ihm, seine einheitliche Konzeption vom Dichtertum in dieser späten Ode der Sammlung auch in der Dichterlandschaft zum Ausdruck zu bringen. Obwohl in der überwiegend mythologischen und idealen Vorstellung noch keine völlige Vereinigung der göttlichen Sphäre der Kunst mit der Lebensrealität erreicht ist, findet sich hier doch ein bedeutsamer Ansatz zu der tiefen horazischen Konzeption, die uns in der 2. Sammlung dann entgegentritt.

Auch die jüngeren Augusteer, Properz und Ovid, haben sich die Idee der Dichterwelt, in der der Dichter lebt und dichtet, zu eigen gemacht und auf die Vorstellung vom Helikon übertragen, der im Griechischen nur als Ort der Entrückung, nie als ständiger idealer Wohnsitz der Dichter gedacht ist.[64] Properz gebraucht in der Elegie II 13, 4 die Wendung *Ascraeum nemus h a b i t a r e* für das Dichten und im selben Sinn *Helicona c o l e r e* (3, 5, 19). Ovid nennt die

---

[63] Vgl. u. S. 117f., 159ff. [64] Vgl. o. S. 23ff.

Dichter „Bewohner des Helikon" (*Helicona colentes* Pont. 4, 2, 11;
vgl. trist. 4, 10, 119f.). Wenn auch in diesen Formulierungen wenig
Persönliches mehr zu spüren ist und auf eine Einheit der idealen
Vorstellung mit der Realität völlig verzichtet wird, so zeigen diese
bereits zur Tradition gewordenen Wendungen doch, wie sehr die
Konzeption der großen Augusteer gewirkt hat. Denn diese haben
damit zum ersten Mal die Welt des Geistes und der Dichtung der
politischen Welt als eine ebenbürtige Macht an die Seite gestellt.

c) Musenhain — *nemus*

Wenn wir rückblickend den Musenhain der Ode I 1 mit der entsprechenden Schilderung in III 4 vergleichen, können wir sowohl
in der äußeren Gestaltung als auch in der Gesamtauffassung
wesentliche Unterschiede feststellen. Bereits die beiden zentralen
Begriffe, *lucus* (III 4) und *nemus* (I 1) weisen uns auf die grundsätzlich andere Atmosphäre der beiden Bilder hin: Im heiligen Hain
der Ode III 4 empfängt der fromme Dichter die göttliche Offenbarung; das religiöse Gotteserlebnis schwingt dort in eine sanft
bewegte, liebliche Landschaft aus, die zu einer heiligen, weihevollen
Sphäre wird. Völlig unreligiös und profan wirkt dagegen der
Musenhain der Ode I 1. Die landschaftlichen Elemente sind zurück-
gedrängt zugunsten mythologischer Szenen, die dem Bild Leben und
Anmut verleihen. Griechischer Geist weht, griechische Vorstellungen
und Namen sind hier der Schlüssel zur höheren Welt. Während in
der Ode III 4 die geschilderte Musenlandschaft und die göttliche
Eingebung dieser bestimmten, einmaligen Entrückung im Vordergrund stehen, sodaß der symbolische Gehalt des Musenhaines hinter
dem unmittelbar Erlebten zurücktritt, zeigt sich in den sichtbaren
Erscheinungen der Ode I 1 der Symbolcharakter mit größter Deutlichkeit. Hier ist der Musenhain zum ausgeprägten Dichtersymbol
geworden, in welchem alle Einzelzüge auf einen hintergründigen
Sinn hinweisen.[65]

Der Musen- und Dichterhain *nemus* hat sich bei Horaz von der
Helikonidee vollkommen gelöst und ist als ein selbständiges, neues
Dichtersymbol an dessen Stelle getreten.

---

[65] Vgl. o. S. 37f.

Noch ausgeprägteren Symbolcharakter hat dann der Dichterhain des Properz: In der 13. Elegie des 2. Buches verbietet Amor dem von ihm verwundeten Dichter, sich der hohen Gattung zuzuwenden und befiehlt ihm, Elegien zu dichten:

> hic (Amor) me tam graciles vetuit contemnere Musas
> iussit et Ascraeum sic habitare nemus   (V. 3f.)

„... und befahl mir, so — als Elegiker — den askräischen Hain zu bewohnen." Ein ähnliches Bild gebraucht er in der Elegie III 3, 42

> ... nec Aonium tingere Marte nemus.

Hier ist *nemus* völlig zum Dichtersymbol geworden, dem landschaftliche Prägung und die warme Atmosphäre einer lebenserfüllten Welt fehlen. Die feierlichen, an die Hesiodtradition anknüpfenden Adjektive *Ascraeus* und *Aonius*[66] betonen den geistigen, symbolischen Gehalt des Ausdruckes. Der Hain an sich hat bereits nicht mehr die volle, eigenständige Kraft wie bei Horaz, wo er als handelndes Subjekt im Mittelpunkt steht; denn durch die Verflechtung in eine Wendung, die als Ganzes genommen symbolische Bedeutung hat, tritt die bildhafte, konkrete Vorstellung des Haines in den Hintergrund. Auf der Aktion des Dichtens, die in der Umschreibung „den askräischen Hain bewohnen" und „den aonischen Hain beflecken" ausgedrückt wird, liegt das Hauptgewicht. Diese Weiterbildungen, die sich an Wendungen wie *Helicona lustrare, Helicona colere* anschließen,[67] zeigen deutlich, daß das *nemus*-Motiv neben dem Helikon große Beliebtheit und ebenbürtige Geltung genießt.

In größtem Gegensatz zur kalten, geistigen *nemus*-Vorstellung des Properz steht der lebenserfüllte, arkadische Hain Vergils: An Flüssen und Quellen und in den Wäldern, die meistens als *silvae*, manchmal als *arbusta* und *nemus* bezeichnet sind, leben Vergils arkadische Hirten. Den Bergen und Wäldern klagt Corydon seinen Schmerz (ecl. 2, 5). In wilden Wäldern und Höhlen möchte der liebeskranke Gallus herumschweifen (10, 52); oder er wünscht sich

---

[66] Askra ist Heimatort des Hesiod. *Aonius* ist altes, feierliches Wort für böotisch; wird oft Dichterattributen beigefügt, wie z. B. Lyra, Kranz, Helikon, Dichterhain, Dichterquelle, vgl. Thes. l. L. II 204, 58ff. 69ff.
[67] Vgl. o. S. 26.

mit seiner Lycoris in den Liebes- und Dichterhain, wo er am kühlen
Quell im weichen Gras mit ihr ruhen könnte (*hic gelidi fontes, hic
mollia prata, Lycori, / hic nemus; hic ipso tecum consumerer aevo*
10, 42f.). Wald und Hain des Maenalus-Gebirges sind erfüllt von
Gesang und Spiel der Hirten (*Maenalus argutumque nemus pinusque
loquentis / semper habet, semper pastorum ille audit amores /
Panaque* 8, 22ff.). Und manchmal treten die *silvae* auch stellvertretend für die bukolische Welt ein (*nostra neque erubuit silvas
habitare Thalia* 6, 2. 4, 3). Doch immer sind Wald und Hain vollkommen in das Bild Arkadiens eingeschlossen. Nur an einer einzigen Stelle tritt der symbolische Gehalt stärker hervor: In der
programmatischen Einleitung der 6. Ecloge entschuldigt sich Vergil,
daß er den Varus nicht in einem epischen Gedicht besingen kann,
da Apollo es ihm verbietet und ihm die bukolische, ländliche Muse
zuweist. In emphatischem Ton tröstet ihn der Dichter:

> si quis tamen haec quoque, si quis
> captus amore leget, te nostrae, Vare, myricae,
> te nemus omne canet   (ecl. 6, 9ff.)

Höchst eigenartig und überraschend tauchen nach der Erwähnung
des begeisterten Lesens *(si quis ... leget)* plötzlich der singende Hain
und die Tamarisken auf *(myricae ... nemus ... canet)*. Denn als
Hauptsatz wäre etwa zu erwarten: „... dann wird dir dennoch
mein bescheidenes, ländliches Gedicht Ruhm bringen." Statt dieser
abstrakten Aussage erscheinen unerwartet Elemente der arkadischen
Landschaft als Handlungsträger, sodaß zwei ganz verschiedene
Bereiche, Dichtung und die in der Dichtung dargestellte Dichter-
und Hirtenwelt Arkadien, hart aufeinanderstoßen. Die Tamarisken,
die schon bei Theokrit zur Szenerie der bukolischen Landschaft
gehören (1, 13 = 5, 101) und von Vergil häufig genannt werden,
sind in der Einleitung der 4. Ecloge neben dem Wald Symbol der
bukolischen Welt und Dichtung (*non omnis arbusta iuvant humi-
lesque myricae / si canimus silvas, silvae sint consule dignae* V. 2f.).
Auch in der inhaltlich verwandten Stelle der 6. Ecloge ist diese
symbolische Bedeutung anzunehmen, die durch die betonte Beziehung zum Dichter *(nostrae ... myricae)* unterstrichen wird. Derselbe Doppelsinn liegt auch im Ausdruck *nemus,* der hier nicht nur
ein wesentlicher Zug des idealen Arkadien, sondern zugleich Symbol

für die vergilische Hirtendichtung ist. Es ist kaum Zufall, daß Vergil dort, wo er den Übergang von der Hirtenwelt zur Hirtendichtung sucht, anstelle der *silvae,* die im Vers 2 derselben Ecloge die arkadische Welt andeuten, den Begriff *nemus* verwendet, der wohl schon damals für symbolischen Gehalt offen gewesen ist. Diese Verbindung von Landschaft und Dichtung im Ausdruck *nemus,* die isoliert betrachtet befremdlich oder gar künstlich wirken könnte, fügt sich zwanglos in die Grundkonzeption des vergilischen Arkadien ein, in dem alles Getrennte und in der Realität Unvereinbare zur vollkommenen, harmonischen Einheit geworden ist. Götter und Menschen, Hirten und Dichter, Leben und Kunst sind in diese ideale, mythische Welt aufgefangen. Auch Mensch und Landschaft stehen dort in einer tiefen, inneren Beziehung: Die Wälder sind erfüllt von den Melodien der Hirten (ecl. 8, 22ff.), geben ihnen Antwort (1, 5. 10, 8), sie nehmen Anteil an Leid und Freud der Hirten (1, 38f. 5, 27f.) und rufen den Hirten selbst das frohe Ereignis der Auferstehung des Daphnis zu (5, 62ff.). Das Singen und Klingen der Wälder kann vom Gesang und Spiel der Hirten kaum unterschieden werden, wenn auch nie ausdrücklich von der Inspiration durch die beseelte Landschaft die Rede ist. In unserer 6. Ecloge besingen der Hain u n d die Dichtung Vergils den Varus, ohne daß wir zwischen anschaulicher und symbolischer Bedeutung von *te nemus omne canet*[68] scharf trennen können. In diesem frühesten Beleg ist der Dichterhain so vollkommen in die Schilderung der ganzen Idealwelt Arkadien eingegangen, daß wir nicht das Dichtersymbol selbst, sondern nur seinen verklärenden Glanz wahrnehmen können.

Im Vergleich mit den beiden extrem gegensätzlichen Darstellungen des Musen- und Dichterhaines bei Vergil und Properz nimmt der horazische Hain eine Mittelstellung ein. Wenn er in der ersten Odensammlung auch nicht so bruchlos und selbstverständlich in eine geschlossene Welt eingebaut ist wie der Hain ins Arkadien Vergils, so läßt die symbolische Bedeutung, die besonders in der Ode I 1 greifbar ist, das Bild doch nicht zu geistiger Kälte erstarren wie bei Properz.

[68] *canere* a) vom konkreten Hain: *silvae loquuntur* Verg. ecl. 5, 28. *sonant arbusta* ecl. 5, 64. b) von der Dichtung das Gegenteil: *silere* Hor. carm. 4, 8, 21 und 4, 9, 31.

Im Musen- und Dichterhain, der uns in der römischen Dichtung seit
augusteischer Zeit begegnet, möchte ich, entgegen der allgemeinen
Ansicht,[69] eine römische Prägung sehen. Denn die hellenistischen Epi-
gramme, die uns über Dichtersymbole und -topoi recht gut orien-
tieren, lassen nirgends die geringste Spur eines persönlichen Dichterbereiches entdecken. Es scheint, daß die hellenistischen Dichter nur
den Helikon als Ort der Inspiration kannten, wie sie ja auch den
inspirierenden Trunk meistens aus Aganippe und Hippukrene, den
heiligen Musenquellen des Helikon, schöpften.[70] Wenn Properz in
der Einleitungsode des 3. Buches in einer barocken Häufung von
Dichtersymbolen sein eigenes Dichtertum dem seiner großen Vorbilder Kallimachos und Philetas gleichzusetzen sucht und an erster
Stelle um Einlaß in ihren Hain bittet *(in vestrum, quaeso, me sinite
ire nemus!* V. 2), so darf man darin keinen Beweis für das Bestehen
dieser Vorstellung bei Kallimachos und Philetas sehen, da Properz
gerne beliebigen Dichtern Symbole zuweist, die sie selbst nie für
sich in Anspruch genommen haben.[71] Wo aber die entscheidende
Verselbständigung des Musenhaines stattgefunden hat, kann nicht
mit Bestimmtheit festgestellt werden. Vermutlich gehört sie in das
augusteische Bestreben, dem Dichtertum durch die Betonung der
göttlichen Sendung und Inspiration neue Tiefe zu verleihen.

Das Hainmotiv gibt dem römischen Dichter neue Möglichkeiten,
den Ort der musischen Inspiration nach eigenen Vorstellungen zu
gestalten und mit persönlicher Empfindung zu erfüllen. Dadurch
wird aus dem allen zugänglichen Dichterort Helikon eine individuelle Dichtersphäre, die jedem einzelnen Dichter allein angehört und
nur von ihm, indem er sie sich selbst schafft und formt, erlebt werden kann; aus der erhabenen griechischen Ferne zieht er sie in seine

---

[69] KH z. Ode I 1, 30, vgl. auch KIESSLING. — KROLL 30. — O. IMMISCH,
Horazens Epistel über die Dichtkunst, Philol. Suppl. 24, 3, Leipzig
1932, 173.

[70] Hesiod in hellenistischer Umdeutung: Anth. Pal. 9, 64. 7, 55. 11, 24.
Kall. ait. I frg. 2, 2. — Kallimachos: Anth. Pal. 7, 42; vgl. o. S. 24,
Anm. 16. — Unbestimmter Dichter: Anth. Pal. 9, 230 (von Honestus
um 20 n. Chr.). — Homer: im Epitaphios auf Bion 76f. ebd. Bion aus
der Arethusa.

[71] z. B. Quelltrunk des Ennius; vgl. dazu PFEIFFER Kall. I S. 11 (Komm.
z. Schol. Flor.). REITZENSTEIN 63ff.

persönliche Nähe. Die beiden Elemente des Musen- und Dichterhaines — das religiöse und das landschaftlich reale — haben dem
nemus-Motiv bei den römischen Dichtern zu solcher Beliebtheit
darum verholfen, weil sich in ihnen römische Empfindung und
römischer Anspruch entfalten können: Dem religiös geprägten Dichtertum der Augusteer, die ihre Priesterstellung und den göttlichen
Ursprung ihrer Kunst mit aller Eindringlichkeit betonen, entspricht
das Bild eines heiligen Haines, in dem die Muse dem Dichter göttliche Weisheit offenbart.[72] Anderseits ist die Vorstellung des Haines
tief im römischen Landschaftsempfinden verwurzelt und damit in
den großen Gegensatz, der alles römische Leben durchpulst,[73] Stadt
— Land / *urbs — rus*, Politik — otium, einbezogen. Besonders in den
wirren Zeiten der Bürgerkriege, der politischen Resignation des
römischen Bürgertums, in dem von Eifersucht und Ehrgeiz gestem-
pelten Treiben der Großstadt, in Hast und Gehetztheit wird die
Sehnsucht nach dem Landleben, der Stille des otiums immer bren-
nender.[74] Die vornehmen und wohlhabenden Römer verbringen
einen großen Teil des Jahres auf ihren Villen; und da von jeher
eine Beschäftigung mit geistigen Dingen, Philosophie, Geschichte,
Schriftstellerei nur im otium der Villa möglich und zulässig war,
ist die Stadtflucht der Dichter umso verständlicher. Vergil, Horaz,
Tibull verbrachten manche Zeit ihres Lebens außerhalb Roms;[75]
und auch ihre Dichtung ist vom Ideal eines ruhigen, ländlichen
Glückes erfüllt: Vergil flüchtet sich in sein Arkadien, Tibull träumt
von der Verwirklichung seiner Wünsche im guten, alten Bauerntum
und Horaz läßt das eigene Landerlebnis in verklärtem Glanz in
seine Dichtung eingehen.[76] Zwischen der italischen Wirklichkeit und
der in der Dichtung dargestellten, entrückten Welt, zwischen dem
realen, lichten Wald und dem idealen Musen- und Dichterhain
besteht eine enge Berührung, welche die Grenze der beiden Sphären
oft fließend macht. Horaz dichtet wirklich im kühlen Schatten eines

---

[72] Hor. carm. 3, 4, 5ff. Ov. fast. 6, 9ff. Tac. dial. 9, 6. 12, 1. Stat.
Theb. 10, 830.
[73] R. Borchardt, Villa, in: Prosa III, Stuttgart 1960, 51ff.
[74] Hor. epod. 2. sat. 2, 6. epist. 2, 2, 65ff.
[75] Tibull: Hor. epist. 1, 4; vgl. KH zu V. 2.
[76] Sabinum: carm. 1, 17. 3, 13; vgl. u. S. 108ff.
Tarent: carm. 2, 6; vgl. u. S. 119ff.

Baumes auf seinem Sabinergütchen *(vacui sub umbra lusimus* carm.
1, 32, 1f.) und genießt in der schattigen Reblaube sein einfaches,
zufriedenes Dichterleben *(me sub arta vite bibentem* carm. 1, 38,
7f.). Während jedoch in den Oden, die wir betrachtet haben, der
ideale Dichterhain von der Realität deutlich getrennt ist,[77] scheinen
sich viele Dichter um eine Vereinigung dieser beiden Welten zu
bemühen. Aus der Polemik von Horaz und Tacitus erfahren wir,
daß die Dichter gern ihrem irdischen Villenpark die feierliche Bedeutung eines heiligen, inspirierenden Musenhaines gaben, daß
Genie, Inspiration, Einsamkeit im Dichterhain Schlagwörter der
Zeit sind, mit denen auch die Dichterlinge ihre naive, absonderliche
Nachahmung des großen und wahren Dichtertums sanktionieren.

So ist aufschlußreich eine Stelle in der Epistel II 2, wo Horaz
seine poetische Unfruchtbarkeit unter anderem mit dem unruhigen
Leben in der Stadt begründet und in scherzhafter Weise die ver-
breitete Mode der Dichter und Dichterlinge als Beispiel anführt:
Wenn sogar diese aus der Stadt aufs Land fliehen, um sich ihrem
bequemen Dichterleben hinzugeben, wie sollte er selbst, der sich um
hohe dichterische Leistung in der Nachfolge der großen griechischen
Lyriker bemüht, in Rom dichten können?

> scriptorum chorus omnis amat nemus et fugit urbem,
> rite cliens Bacchi somno gaudentis et umbra   (V. 77f.)

Auffallend ist der Begriff *nemus* statt *rus,* das sonst den üblichen
Gegensatz zu *urbs* bildet. Horaz will damit offenbar etwas Beson-
deres zum Ausdruck bringen. Es liegt nahe, diese Stelle mit der
dichterischen Vorstellung des Musen- und Dichterhaines in Verbindung zu bringen und zu vermuten, daß Horaz absichtlich das
Schlagwort *nemus* der Dichter übernimmt. Damit macht er sich über
die Naivität derer lustig, die nur den bequemen Lebensgenuß
suchen, von göttlichem Geist und wirklichem Schaffen keine Ahnung
haben und doch ihre Villa Dichterhain *nemus* nennen. Auf diese
Weise treibt er ein schillerndes, ironisches Spiel mit den Formulierungen, die durch ein kleines Abbiegen von hohen Dichteridealen
zu hohlen Schlagwörtern absinken. Abschätzig und ironisch klingt
auch die Bezeichnung *scriptorum chorus omnis.* Obschon *scriptor*

---

[77] Anders im 4. Odenbuch, vgl. u. S. 159ff.

und *chorus* ohne negativen Beigeschmack für Dichter und Dichter-
stand verwendet werden können,[78] wird doch hier durch den Gegensatz zu *vates* (V. 80) die Kritik des Horaz deutlich, der sich
von der Masse der Dichterlinge *(ch. omnis)* distanziert. Denn nicht
in einem *chorus*, nicht in billiger Nachahmung ist der Weg zum
wahren, großen Dichtertum zu finden, sondern in einsamem, ernst-
haftem Streben, auf neuen, unbegangenen Pfaden (*libera per
vacuum posui vestigia princeps* epist. 1, 19, 21) und auf den schma-
len Spuren der hohen griechischen Dichtung (*contracta sequi vestigia
vatum* epist. 2, 2, 80).[79]

Auch im Dialogus de oratoribus des Tacitus wird in der negativen und positiven Beleuchtung des Dichtertums durch die beiden
Gesprächspartner, den Redner Aper (Kap. 9) und den Dichter
Maternus (Kap. 12), deutlich, daß auch die Dichter des ausgehenden
ersten Jahrhunderts die Realität des Lebens mit dem Ideal eines
erhöhten Dichterdaseins in Einklang zu bringen suchen, indem sie
die italische, ländliche Einsamkeit zu ihrem persönlichen Musen-
und Dichterhain machen: *N e m o r a vero et l u c i et s e c r e t u m
ipsum, . . . tantam mihi afferunt voluptatem, ut inter praecipuos
carminum fructus numerem, quod non in strepitu nec sedente ante
ostium litigatore nec inter sordes ac lacrimas reorum componuntur,
sed secedit animus in l o c a p u r a a t q u e i n n o c e n t i a fruiturque
s e d i b u s s a c r i s* (dial. 12, 1).

4. Die Bacchusoden

a) Die Ode III 25

In den früher besprochenen Oden I 12 und III 4 hat ein mäch-
tiges, durch griechische Traditionen geadeltes Proömium den würdigen Auftakt zu den großen politischen Themen der pindarisierenden hymnischen Oden gegeben. Das Wagnis des Horaz, die

---

[78] *scriptor* von Homer gesagt: Hor. epist. 1, 2, 1. — *chorus* vgl. Thes.
l. L. III 1026, 27ff: „schola, ordo"; bei Ovid zur Bezeichnung der
Dichtergemeinschaft *(sodalicium)* trist. 5, 3, 52. Pont. 3, 4, 68. Vgl.
Mart. 12, 11, 4 *Pieria grex.*
[79] Über das Bacchusbild vgl. u. S. 64ff.

spielerische Muse zu verlassen und sich der römischen Geschichte
und Politik zuzuwenden, wird durch die göttliche Herkunft seiner
Dichtung begründet. Die musische Inspiration, die dem Dichter in
einer göttlichen Welt zuteil wird, legitimiert den kühnen Aufstieg
zum Preis auf den Princeps, der im Brennpunkt alles Zeitgeschehens
steht. Während in jenen Oden die Begegnung des Dichters mit der
göttlichen Macht das Vorspiel einer langen, hohen Ode bildet, ist
das Bacchusgedicht III 25 als ganzes gleichsam Proömium für einen
hohen Preis auf Caesar Augustus. Deshalb stellt Fraenkel[80] diese
Ode mit Recht in die Nähe der Römeroden, an die auch einzelne
Formulierungen anklingen: *dicam insigne, recens, adhuc indictum*
ore alio (V. 7f.) erinnert an *carmina non prius audita* (carm. 3, 1,
2f.). Die Verheißung, die in den Versen 5 und 6 ausgesprochen ist,
wird in den Oden III 3, 11f.; 4, 41ff. und 5, 1ff. erfüllt.

Sobald Horaz sich anschickt, den Ruhm des Augustus zu ver-
ewigen, fühlt er sich plötzlich von göttlicher Begeisterung fortgerissen. Denn nur aus Ekstase und Inspiration durch eine Gottheit
kann ein so großes Werk entstehen. Indem der Dichter nicht durch
die sanfte musische Kraft in einen lieblichen Hain entrückt wird,
sondern die wilde, erschütternde Gewalt des Bacchus erfährt, wird
das Erlebnis der göttlichen Offenbarung an Intensität und Bedeutung gesteigert.

> Quo me, Bacche, rapis tui
>   plenum? quae nemora aut quos agor in specus
> velox mente nova? quibus
>   antris egregii Caesaris audiar
>
> aeternum meditans decus   5
>   stellis inserere et consilio Iovis?
> dicam insigne, recens, adhuc
>   indictum ore alio. — — — non secus in iugis
>
> exsomnis stupet Euhias
>   Hebrum prospiciens et nive candidam   10
> Thracen ac pede barbaro
>   lustratam Rhodopen, ut mihi devio

[80] 259.

ripas et vacuum nemus
  mirari libet. — — — o Naiadum potens
Baccharumque valentium   15
  proceras manibus vertere fraxinos,

nil parvum aut humili modo,
  nil mortale loquar. dulce periculum est,
o Lenaee, sequi deum
  cingentem viridi tempora pampino.   20

Erregte Fragen, kurze Sätze, getrennte Verseinheiten, bewegter
Rhythmus lassen die Ekstase in packender Weise aufflackern, wie
nirgends sonst bei Horaz. In wildem Taumel ist er nicht mehr
er selbst, eine fremde Macht herrscht über ihn, wie von einem
Fremden spricht er von sich selbst.[81] Doch die Ekstase geht nicht
durch das ganze Gedicht hindurch:[82] Bereits im Vergleich mit der
Bacchantin wird das Erlebnis objektiviert und geklärt und kommt
in den Versen 13f. vollkommen zur Ruhe. Anrufe des Gottes, Preis
seiner Macht, die er auf seine Auserwählten überträgt und freudige
Bereitwilligkeit, dem Gott unbedingt zu folgen, lassen die Ode
hymnisch ausklingen. Wie in jedem horazischen Gedicht wird nicht
eine Stimmungseinheit gesucht, sondern es wandelt sich Einmaliges,
Zeitbedingtes zum Gültigen und Geistigen.

Die Ode III 25 ist, wie viele Gedichte des Horaz,[83] deutlich auf
eine Mitte hin komponiert: Sowohl der bewegte Anfang als auch
der hymnische Schlußteil bestehen aus lauter kurzen Sätzen und
Satzteilen, von denen sich der langatmige Vergleich mit der Bacchantin (Mitte 8 bis Mitte 14) als e i n e lange Periode deutlich
abhebt. Die rasche Folge der Verben *rapis, agor, audiar* zeigt den
Dichter passiv, willenlos getrieben vom Gott. Am Schluß folgt er
freudig bejahend *dulce periculum est . . . sequi deum* (V. 18f.),
selber aktiv. Die Furcht hat sich zur Erkenntnis des Gottes und der
neu im Dichter selbst wirkenden Kraft gewandelt. Die Vokative

[81] *agor* und *audiar* passiv.
[82] THEILER 259 (7).
[83] Am schönsten in der Ode I 17 vgl. u. S. 112ff.; auch in IV 3; vgl.
u. S. 142f. Öfters findet sich der zentrale Gedanke in der Mitte des
Gedichtes z. B. in III 4.

Bacche (V. 1) und *o Naiadum potens ... o Lenaee* (V. 14 und 19)
wenden sich an den Gott direkt, während der Vergleich besonders
durch den neu einsetzenden zweiten Anruf scharf davon getrennt
ist. Es finden sich in den beiden umschließenden Teilen enge inhaltliche und sprachliche Berührungen:

dicam ... (7)	... loquar (18)
insigne recens adhuc	nil parvum aut
indictum ore alio (6/7)	humili modo (17)
aeternum decus (5)	nil mortale (18)

In der Mitte steht der Vergleich des Dichters mit der Bacchantin,
der durch motivische Beziehungen mit den beiden Rahmenpartien
verknüpft ist: Die *Euhias* (V. 9) weist nach vorwärts zum Bild des
Bacchus mit seinem Gefolge, den Najaden und Bacchantinnen
(V. 14ff.). Die Landschaft (V. 10ff.) nimmt den Odenanfang wieder
auf, wo der Dichter in die wilde unbekannte Landschaft fortgerissen
wird (V. 2ff.); *nemus* (V. 13) entspricht den *nemora* (V. 2). Ein-
gerahmt vom dichterischen Singen und Sagen aus der Kraft der
bacchischen Verzückung steht das ergriffene Schauen der Bacchantin
und des Dichters: Den Höhepunkt des Bacchuserlebnisses bildet das
entzückte Staunen über die Landschaft. In der dramatischen und
rhythmischen Bewegung tritt eine spannungsgeladene Pause ein,
mitten in der wilden Nachfolge des Gottes ein Moment der Ruhe.
Hier offenbart die Gottheit das Höchste, ein Geheimnis, das in der
Landschaft verborgen liegt. Eine derartige Gestaltung des Bacchuserlebnisses finden wir sonst nirgends. Dionysos hat wohl zur Natur
eine tiefe, enge Beziehung als Gott der Fruchtbarkeit. Die wilden,
einsamen Berge mit ihren Felsen und Schluchten sind sein Bereich
in der alten mythologischen Vorstellung, die in künstlerischer
Ausgestaltung bis in römische Zeit lebendig geblieben ist. Seine
Heimat ist das wilde, nordische Thrakien; in den Wintermonaten
feiert er seine Feste auf den Bergen.[84] Pausanias (10, 4, 3) berichtet,
daß in historischer Zeit jedes zweite Jahr auf dem Parnaß Orgien
athenischer und delphischer Frauen, der Thyiaden, stattfanden.[85]

---

[84] M. P. Nilsson, Geschichte der griechischen Religion, Hdb. d. Altertumswiss., München I 1955², 570.
[85] Nilsson 573.

Auch in Dichtung und Malerei erscheint Bacchus oft inmitten einer wilden Landschaft. Die Bakchen des Euripides sind das berühmteste Beispiel für diese ekstatischen Feiern in wilder Bergeinsamkeit.[86] Auf Vasenbildern, die uns eine Vorstellung von der verlorenen großen Malerei der Griechen vermitteln können, wird Dionysos vereinzelt in einer gebirgigen Landschaft dargestellt.[87] Heinze (z. St.) und Otto[88] vermuten deshalb, daß das eindrückliche Bild der Mänade bei Horaz von einer bildlichen Darstellung angeregt sei. Denn der starre, fassungslos staunende Blick erinnert an Mänaden-bilder auf attischen Vasen.

Die rein geistige Schau des Göttlichen wird von Horaz umge-deutet zu einem konkreten Beschauen der Landschaft: Die Mänade blickt voll Erschütterung auf das weit vor ihr ausgebreitete Thra-kien, das nicht mehr bloß Umwelt der göttlichen Begegnung ist, sondern tief in das Erlebnis einbezogen wird; ja das ergriffene, staunende Innewerden der Schönheit dieser Landschaft wird ge-radezu zum Mittelpunkt des Bacchuserlebnisses. Gotteserlebnis und Landschaftserlebnis, zu einer inneren Einheit verbunden, wirken gemeinsam als inspiratorische Kräfte auf den Dichter. Durch diese göttliche Entrückung und überwältigende Schau der einsamen Land-schaft, die sonst dem Römer fremd und unheimlich ist,[89] erwächst ihm als neue Möglichkeit des gottbegeisterten Sanges die Verherr-lichung des Augustus. Auch in der Gliederung und der sprachlichen Formulierung der Ode sind diese kausalen Zusammenhänge deutlich zum Ausdruck gebracht, indem das Bestaunen der Landschaft, wie die Entrückung präsentisch, das begeisterte Singen hingegen futurisch wiedergegeben ist; dieses seinerseits rahmt mit den beiden Verben *dicam ... loquar* die inspirierende Schau ein. Diese ganz eigene horazische Deutung der bacchischen Ekstase wirft ein helles Licht auf das persönliche dichterische Erlebnis des Horaz,[90] das immer in einer landschaftlichen Umgebung dargestellt und offensichtlich

---

[86] Bes. Parodos der Chores 135ff. und erster Botenbericht 677ff. vgl. dazu Komm. von Dodds, Oxford 1953, und dessen Einleitung 11f.

[87] z. B. Volutenkrater aus Ceglie del Campo des Karneia-Malers um 410 in Tarent, vgl. P. E. Arias — M. Hirmer, Tausend Jahre griechische Vasenkunst, München 1960, Abb. 230f.

[88] W. F. Otto, Dionysos, Mythos und Kultus, Frankfurt a. M. 1933, 88.

[89] Vgl. u. S. 75f.   [90] Vgl. u. S. 97ff.

durch sie gefördert wird. Es darf jedoch nicht vergessen werden, daß für Horaz selbst der Gott Bacchus in erster Linie die Ursache des Erlebnisses ist.

Im thrakischen Dionysos, der mit elementarer Kraft sein Gefolge ergreift und in wilder Ekstase über Berge und durch Wälder jagt, erkennt Horaz eine tiefe Verwandtschaft mit der übermächtigen Gewalt, die ihn selbst im Innersten ergreift, sich selbst entfremdet und in leidenschaftlicher Begeisterung in unbekannte, gefährliche Räume des Geistes treibt. Seinen eigenen Dichterrausch, sein plötzliches, staunendes Erstarren vor der Erkenntnis des göttlichen Geheimnisses findet er in der Gestalt der Mänade zu allgemeingültiger Wahrheit vertieft. Diese geistige Nähe bewegt den Dichter dazu, sein Erlebnis des schöpferischen Entzückens mittels archaisch-griechischer Vorstellungen vom thrakischen Dionysos darzustellen. Das Aufnehmen von griechischen mythischen Motiven beeinträchtigt den Wahrheitsgehalt der Aussage keineswegs, im Gegenteil, hebt sie zu einer höheren, überpersönlichen Bedeutung.[91]

Es ist wiederum höchst charakteristisch für die reale Denkweise des Römers Horaz, daß er die bacchische Ergriffenheit nicht als eine rein geistige Ekstase schildert, sondern das irrationale Geschehen im Bilde einer körperlichen Entrückung in eine Landschaft darstellt. Der Dichter Horaz erlebt das Geistige immer in der Spiegelung der sichtbaren Erscheinungen und braucht zur dichterischen Gestaltung der geistigen Sphäre, in der er die Inspiration des Gottes erfährt, faßbare, konkrete Bilder: Die bacchische, einsame Wildnis wird hier zum Zeichen einer höheren geistigen Welt. Die einzelnen Elemente dieser Landschaft haben nicht nur als Schilderung einer realen Wirklichkeit ihre Geltung, sondern weisen durch tieferen Gehalt in die andere Welt, die des geistigen Seins. Auf diese Weise steht die Bacchuslandschaft wie der Musenhain zwischen zwei Welten und hat an beiden teil.

Die wesentlichste Eigenschaft dieser Zwischenwelt ist die tiefe Einsamkeit, die in der Konzeption des Helikons (carm. 1, 12) und des heiligen Musenhaines (carm. 3, 4) zwar unausgesprochen mitklingt, in der Bacchusode aber nun zur vollen Entfaltung kommt. Bereits mit den ersten erregten Fragen verwoben öffnet sich eine

---

[91] In diesem Sinn FRAENKEL 260; anders WILI 221f., Anm. 2.

Welt, die von dem gewaltig-unheimlichen Hauch des bacchischen Wesens umwittert ist: *nemora — specus* (vgl. Kiessling V. 1ff.). Einsamkeit und Wildheit erfüllen den Dichter mit Entsetzen vor dem ungeheuerlichen Wagnis, dem Bacchus in jenes Unbekannte, Grenzenlose zu folgen. Die Plurale deuten unendliche Weiten an. Tiefe Wälder und Höhlen sind als Sitz numinöser Kräfte dem Römer unheimlich, wie wir es am deutlichsten in den römisch-italisch gefärbten Partien der Aeneis spüren können: Die Sibylle weissagt in einer riesigen Höhle mitten im tiefen Wald (6, 10ff.; 42ff.). Aeneas findet den goldenen Zweig im dichten, finsteren Wald (6, 138ff.; 186ff. *silvam immensam ... nemore in tanto*). In den felsigen Schlüften einer wilden Bergschlucht zieht sich Allecto in eine Höhle zurück, die einen Eingang in die Unterwelt bildet (7, 563ff.). Die wilde, unberührte Natur erfüllt den Römer mit Schrecken; denn nur zur lieblichen, von Menschenhand gezähmten und geformten Landschaft hat er eine nähere Beziehung. Darum ist es für römisches Empfinden ein kühnes, ungewöhnliches Unterfangen, dem Bacchus in die wilde Einsamkeit zu folgen. Im doppelten Hinweis *mihi devio ... vacuum nemus* (V. 12f.) macht Horaz dieses Hauptcharakteristikum der Bacchus- und Dichterwelt deutlich. Denn die tiefe, kalte Einsamkeit des reinen Geistes, der dem Horaz in der Gestalt der Musen und in unserer Ode des Bacchus entgegenstritt, liegt jenseits der alltäglichen, menschlichen Welt. Horaz verläßt die menschliche Geborgenheit, nach der gerade er sich so innig sehnt, und begibt sich in unbekannte, göttliche Bereiche. Fraenkel[92] hat eindrucksvoll gezeigt, wie ernst der Ausdruck *periculum* (V. 18) zu verstehen ist, in dem die Angst vor dem Hinaustreten in eine jenseitige, dem Menschen nicht zugemessene Sphäre zittert. Verbrennen in der unerträglichen Nähe der Gottheit und grausiger Untergang oder goldene Erfüllung seiner höchsten Wünsche erwarten ihn dort und ziehen ihn mit unwiderstehlicher Gewalt an. Das anfängliche Zurückschrecken wandelt sich in dieser Bacchusode zum freudigen hymnischen Bekenntnis *dulce periculum est, o Lenaee, sequi deum* (V. 18f.). Immer wieder tauchen die beiden Gegenpole, Verheißung — Untergang, im Dichtertum des Horaz

---

[92] 258, 435f.; ders. Das Pindargedicht des Horaz SB Heidelberg 1932/3, 2, 16f. wichtig da auch die Interpretation des Icarus-Motives.

auf, am schönsten im gleichnishaften Sturz des Icarus, der durch die Sonnennähe verbrennt, im Tod aber ewigen Ruhm findet: *vitreo daturus nomina ponto* (carm. 4, 2, 3 vgl. 2, 20). In dieser Polarität spiegelt sich das Selbstgefühl eines Dichters, der bewußt neue Wege beschreitet, indem er im Kampf um seine neue Stellung in einer andersgearteten Welt nah am Abgrund vorbeigeht. Auch auf Horaz selbst ließe sich jenes Wort anwenden, das er im Brief an Augustus für den Dramatiker braucht: *ille per extentum funem mihi posse videtur / ire poeta* (epist. 2, 1, 210f.). Der Anspruch, neue Wege zu beschreiten, ist zwar bedeutend älter: Kallimachos setzt sich dadurch von der breiten Heeresstraße der Kykliker ab (epigr. 28). Antipatros von Sidon (2. Jh. v. Chr.) rühmt vom Epiker Antimachos, der ein Vorläufer der gelehrten, alexandrinischen Dichtungsweise war, er habe neue, unbegangene Pfade betreten (Anth. Pal. 7, 409). Auch die römischen Dichter verwenden dieses Motiv oft: Lukrez (1, 926ff.), Vergil (georg. 3, 291ff.) und Properz (3, 1, 17f.) verleihen damit ihrem Dichtertum originale Geltung. Im Anschluß an das Motiv des Dichterhaines haben wir bereits gesehen, wie eng auch die reale Einsamkeit neben der geistigen mit der römischen Vorstellung vom Dichter verbunden ist.[93] Aber nirgends ist die Einsamkeit in ihren verschiedenen Aspekten so unmittelbar aus innerstem Erleben heraus dargestellt wie in den Bacchusgedichten des Horaz. Darin tritt die mächtige, persönliche Gestaltungskraft des wahren Dichters offen zutage.

Am deutlichsten ist das eigenartige Doppelgesicht der bacchischen Landschaft in einzelnen Elementen zu erkennen. Die Höhlen — *specus* — die bei Horaz nur an dieser Stelle vorkommen,[94] zeigen eine wilde, ungangbare Landschaft, die durch numinöse Kräfte den Menschen mit unheimlichem Schauer erfüllt. Mit *quibus antris* in Vers 3f. nimmt er in höchst auffallender Weise dasselbe Element wieder auf. Da es nicht der sparsamen und bedachten Ausdrucksweise des Horaz entspricht, eine Sache zweimal zu sagen, wird die gewaltige Steigerung des Gehaltes besonders deutlich: Der Dichter hört sich bereits „in den Grotten" *antris* (Lokativ) durch göttliche Kraft begeistert seine Lieder singen. Auch in anderen Oden gebraucht Horaz *antrum* in diesem speziellen Sinn der Musen- und Dichtergrotte: In

---

[93] Vgl. o. S. 45ff.   [94] Vgl. u. S. 95f.

der Ode II 1, 39f. ruft er die Muse zurück zur heiteren erotischen Dichtung in die Grotte *(mecum Dionaeo sub antro / quaere modos leviore plectro)*, welche der Muse und der Venus zugleich angehört; denn auch das Liebesidyll wird seit hellenistischer Zeit gern in der Geborgenheit einer Höhle geschildert.[95] In der pierischen Grotte wird ferner Augustus Erquickung zuteil nach den Mühen des Krieges: *Pierio recreatis antro* (carm. 3, 4, 40), was eng an die pindarische Wendung ... ἥβαν δρέπων, σοφίαν δ'ἐν μυχοῖσι Πιερίδων (Pyth. 6, 48f.) anschließt. Mag es auch Zufall sein, daß bei Horaz der Ausdruck *antrum* nur als Dichtergrotte belegt ist, so wird doch hier durch den Wechsel von *specus* zu *antrum* auch in der Wortwahl auf die Bedeutungsverschiebung hingewiesen: In unmerklich gleitendem Übergang erhält das landschaftliche Element durch die Kraft des traditionellen Dichtermotives eine höhere Bedeutung.

Kroll[96] vermutet wohl mit Recht, daß die römische Musen- und Dichtergrotte[97] sich an ein hellenistisches Motiv anschließt. Allerdings fehlen uns direkte Belege aus der hellenistischen Dichtung. Aber aus vereinzelten sekundären Zeugnissen wird deutlich, daß schon bei den Griechen die Vorstellung des einsam in einer Höhle schaffenden Dichters lebendig war. Die Biographie des Euripides weiß zu erzählen, daß der Dichter sich meistens in einer Höhle auf Salamis aufgehalten habe, wo er die frische Luft und den Blick auf das Meer genoß.[98] In Smyrna wurde noch zur Zeit des Pausanias (7, 5, 12) eine Höhle gezeigt, in der Homer seine Epen gedichtet haben soll.

Dieselbe fast unmerkliche Wandlung der realen, vordergründigen Landschaft zu geistiger Bedeutung erleben wir in der Ode III 25 beim Hain: In Vers 2 läßt der Plural *nemora* die unbegrenzte, unheimliche Weite des Waldes bewußt werden, die den römischen Dichter erschauern und zurückschrecken läßt. Die Verse 12ff. beziehen sich auf dieselbe Landschaft; aber wie anders ist jetzt der Eindruck, den sie auf den Dichter macht: *mihi devio ripas et*

---

[95] Theokr. 11, 44ff. vgl. Verg. ecl. 9, 39ff. Aen. 4, 124f.; 165f.: Dido und Aeneas. Hor. carm. 1, 5, 3 *grato sub antro*.

[96] Komm. zu Catull, Stuttgart 1959³, zu carm. 61, 28; ohne Belege oder Begründung.

[97] Prop. 3, 3, 14; 27. 2, 30b, 26. 3, 1, 5. Mart. 12, 11, 3. Iuv. 7, 59f. vgl. Thes. l. L. II 192, 8ff.

[98] Γένος Εὐριπίδου 5, SCHWARTZ, Scholia in Euripidem I 4.

vacuum nemus m i r a r i l i b e t. Die eigentümliche Ruhe dieser Verben steht im Gegensatz zum wilden Erstarren der Bacchantin und zur Erregung am Anfang der Ode. Fast undionysisch wirkt die Gefaßtheit, die Horaz in allmählicher Objektivierung gewonnen hat. Echt horazisch ist die Rückkehr unter die Herrschaft der Ratio! In dieselbe Wandlung ist auch die Landschaft einbezogen: Was dem Dichter zuerst als unheimliche, schauerliche Wälder und Höhlen erschienen ist, wird nur durch die Beruhigung seines Gemütes zu einer lieblichen, waldigen Flußlandschaft, wie sie Horaz besonders gern hat.[99] Denn nachdem Horaz das Wesen des Bacchus erkannt hat, ist die Einsamkeit nicht mehr furchterregend, sondern beruhigend und zum Dichten inspirierend. Die Ferne ist zur Nähe geworden, die unbekannte, unheimliche Weite zu einer gotterfüllten und doch auch für den Menschen ertragbaren Landschaft. Diese Wandlung des landschaftlichen Eindruckes ist ein schönes Beispiel für das subjektive, ichbezogene Landschaftsempfinden des Horaz.[100] Es ist jedoch anderseits wieder nicht nur eine reale Landschaft, die Horaz in *ripas et vacuum nemus* erlebt, sondern ein Schimmer des göttlichen Wesens liegt wie ein Glanz über ihr und läßt sie an der höheren Welt teilhaben. Im Ausdruck *nemus* sucht der Dichter bewußt einen Anklang an den Musenhain, der für ihn zum Bild der idealen, göttlichen Welt geworden ist[101] und auch hier die göttliche Sphäre andeuten soll. Die bacchische Wildnis ist zu einer in sich ruhenden, hellen, göttlichen Welt geworden, indem sie alle Wildheit und Unheimlichkeit niedergelegt hat. Bacchische Welt und bacchische Erregung werden in der horazischen Schau gemildert und sublimiert zum Erlebnis des Göttlichen an sich.[102]

b) Bacchus als Dichtergott

Bacchus hat in der römischen Literatur auch außerhalb von Horaz oft die Funktion eines Dichtergottes. Nicht selten wird er anstelle der anderen Dichtergötter im traditionellen epischen Anruf um Inspiration gebeten oder mit Apollo und den Musen genannt.[103]

---

[99] Vgl. u. S. 84ff., bes. 88.   [100] u. S. 72ff.   [101] o. S. 40ff.   [102] u. S. 67ff.
[103] Weitere Stellen: Verg. catal. 9, 60. Eleg. in Maecen. 66ff. — Prop. 2, 30b, 38. 4, 6, 76. — Ov. ars 1, 525f. fast. 3, 713f.; 789f. trist. 5, 3. — Lucan. 1, 63ff. Stat. silv. 1, 5, 3.

Properz 4, 1, 62 mi folia ex hedera porrige, Bacche, tua
3, 2, 7 . . . nobis et Baccho et Apolline dextro

Lygdamus (Tib.) 3, 4, 43f.   casto nam rite poetae
Phoebusque et Bacchus Pieridesque favent

Ovid. am. 3, 15, 17 corniger increpuit thyrso graviore Lyaeus
ars 3, 347f. o ita, Phoebe, velis, ita vos, pia numina
vatum,
insignis cornu Bacche novemque deae.

Die selbstverständliche, formelhafte Nennung läßt ein traditio-
nelles Motiv vermuten.[104] Doch erst seit der neuesten Behandlung
des Problems durch Boyancé, der als erster auch Belege aus der
griechischen Literatur gebracht hat, darf die Annahme eines grie-
chisch-hellenistischen Dichtergottes Dionysos/Bacchus als gesichert
gelten.

Verschiedene Züge im Wesen des Dionysos mögen zu dieser
neuen, rein literarischen Funktion des Gottes beigetragen haben.
Zunächst steht er im Kult in Beziehung zu den Musen.[105] Von ausschlaggebender Bedeutung für die Stellung des Bacchus als Dichtergott war jedoch, wie bereits Voigt und Wilamowitz betonten, seine
enge Beziehung zum athenischen Theater, die trotz dem wenig
dionysischen Wesen des griechischen Dramas immer bewußt geblieben ist. Die Schauspieler nannten sich οἱ περὶ τὸν Διόνυσον
τεχνῖται.[106] Tragische und komische Dichter werden in hellenistischen
Epigrammen oft in enge Beziehung gesetzt zu Dionysos durch den
Wunsch, daß auf ihrem Grabe noch der Efeu ranken möge, der

---

[104] Literatur zum Problem: F. A. Voigt, in: Roscher, Lex. myth. I
(1884—90) 1082, 24ff. — E. Maass, Untersuchungen zu Properz und
seinen literarischen Vorbildern, H 31, 1896, 375ff. — Kroll 30ff. —
Wilamowitz II 93 Anm. 3. — Pasquali 14. — P. Boyancé, Properce,
Fondation Hardt pour l'étude de l'antiquité classique, Entretiens 2,
1953, 194ff.

[105] Nach böotischem Glauben flieht Dionysos z. d. Musen i. d. Berge (Maass
376); auf Naxos wurde ein Dionysos Musagetes (IG XII, V 46), in
Athen ein Dionysos Melpomenos verehrt (Paus. 1, 2, 5). Im Musenhain
am Helikon sah noch Pausanias (9, 30, 1) eine Statue des Dionysos.

[106] CIA 2, 551; 628. Athen. 5, 198b/c. vgl. Liddell-Scott: τεχνίτης.
O. Lüders, Die dionysischen Künstler, Berlin 1873.

diesem Gott geweiht ist.[107] Der Efeukranz ist bis in die römische Zeit hinein die hohe Auszeichnung der Dichter geblieben.[108] Kallimachos verwendet im 7. Epigramm den Efeu als Symbol für die Bühne und nennt eine tragische Maske im 48. Epigramm ὁ τραγικός ... Διόνυσος (V. 4f.). In einem späten Epigramm (Anth. Pal. 7, 51, 5f.) wird das Grab des Euripides als Bühne des Bacchus bezeichnet (τὰ Βάκχου βήματα καὶ σκηνάς ...). Wenn wir auch beim alexandrinischen gelehrten Dichter und bei Späteren mit bewußten, vielleicht künstlichen Konstruktionen rechnen müssen, so haben wir doch bei ihnen eine griechische, durch reichere Quellen fundierte Auffassung vor uns.

Maaß hingegen nimmt an, daß Bacchus durch die griechische Gelagepoesie vom Weingott zum inspirierenden Dichtergott geworden sei.[109] Die berauschende, inspirierende Kraft des Weines, die bei den Griechen oft im Zusammenhang mit dem Dichten erwähnt wird, wäre die Brücke zwischen den beiden Funktionen des Bacchus. Kratinos z. B. ist durch seine Selbstpersiflage in der Komödie Πυτίνη zum Inbegriff des weinbegeisterten Dichters geworden.[110] Auch Anakreon wird wegen seiner sympotischen Dichtung in enge Beziehung zu Dionysos gesetzt. Antipatros von Sidon nennt ihn einen Bacchusanhänger und führt seine Dichtung auf die Inspiration des Weines zurück (ὁ φιλακρήτου σύντροφος ἁρμονίης Anth. Pal. 7, 26, 6). In einem ähnlichen Epigramm charakterisiert er das Wesen Anakreons durch die Zugehörigkeit zu den Musen, Bacchus und Eros (Anth. Pal. 7, 27, 9). Denn Lied, Wein und Liebe sind die drei Hauptelemente von Anakreons Leben und Dichtung.[111] Der Wortlaut zeigt deutlich, daß der Machtbereich des Bacchus hier auf Wein und Gelage beschränkt und von dem der Musen scharf getrennt ist. Wir könnten den Dionysos keineswegs durch die Musen oder Apollo

---

[107] Sophokles: Anth. Pal. 7, 21f. (Simias); 36 (Erykios). Aristophanes: Anth. Pal. 9, 186 (Antipatros v. Thessalonike). Sositheos: Anth. Pal. 7, 707 und Machaon: 708 (Dioskorides).

[108] Verg. ecl. 8, 12f. Hor. carm. 1, 1, 29. Prop. 2, 5, 26. 4, 1, 62. 4, 6, 3.

[109] 377ff. ders. Orpheus, München 1895, 116 Anm. 158.

[110] Arist. batr. 354ff. Hor. epist. 1, 19, 1ff. vgl. dazu KH: Epigramm des Nikainetos (um 275) über Kratinos in Anth. Pal. 13, 29.

[111] Auch Platon bringt (nom. 653d/54a) die zwei Bereiche: Dichtung / Fest und Gelage in den Göttern Musen und Apoll / Dionysos zum Ausdruck.

ersetzen, was bei Properz und Ovid u. a. ohne weiteres denkbar wäre. Wenn auch Leonidas von Tarent (um 280 v. Chr. Anth. Pal. 16, 306, 9f.) den Anakreon ausschließlich mit Dionysos verbindet und Βαχχιακὸν θέραπα [112] nennt, so glaube ich doch, daß wir es hier mit einer speziellen Verknüpfung des Anakreon mit dem Weingott Dionysos zu tun haben, die nicht zu allgemeiner Wirkung gelangt ist. Denn ähnlich wie bei Kratinos wurde auch bei ihm das sympotische Element des Werkes zum Grundstein dieser Kombination.[113] Das Rauschhafte steht hier im Vordergrund, während es in der üblichen Vorstellung vom Dichtergott Bacchus eigenartigerweise fast ausnahmslos fehlt. Das sanfte, beinahe apollinische Wesen des hellenistisch-römischen Dichtergottes Dionysos ist weder aus der ekstatischen Wildheit des thrakischen Gottes, noch aus der berauschenden Macht des Weingottes heraus verständlich, sondern allein das athenische Theater kann ein Licht auf diese vollkommene Wandlung werfen: Denn das Drama selbst hat in seiner Entstehung eine ähnliche Entwicklung vom Dionysischen zum Apollinischen durchgemacht. Deshalb ist es wahrscheinlich, daß d e r Dionysos, zu dessen Ehren in Athen die dramatischen Aufführungen stattfanden, zum Dichtergott geworden ist.

Aus dem Hellenismus ist bis jetzt nur eine einzige Stelle bekannt, die den Dionysos unabhängig von Theater und Wein in der Geltung eines allgemeinen Dichtergottes erscheinen läßt:[114] Kallimachos bittet im 8. Epigramm den Dionysos um Gelingen für seine eigene Dichtung. Eine weitere, stark zerstörte Stelle läßt vermuten, daß Dionysos neben Apollo und den Musen angerufen war.[115] Das häufige Vorkommen bei denjenigen römischen Dichtern, die sich eng an griechische Vorbilder anschließen, wie z. B. Properz, erlaubt uns jedoch einen Rückschluß auf die verlorene hellenistische Dichtung.

---

[112] Wohl ein Anklang an Μουσάων θεράπων, das seit Hesiod (theog. 100) für den Dichter als Musendiener verwendet wird, vgl. o. S. 12, Anm. 8.

[113] Auch Properz zeigt eine sekundäre Verknüpfung der beiden verschiedenen Machtbereiche in der Elegie IV 6, 76; vgl. dazu die Polemik des Horaz (epist. 1, 19, 1ff.) gegen die billige Wein-Bacchus-Schwärmerei.

[114] BOYANCÉ a. O. 205f. Die zwei anderen Beispiele sind speziell: Kall. epigr. 7 bezieht sich aufs Theater; Theokr. 17, 112 auf einen Agon zu Ehren des Dionysos, vgl. Komm. von A. S. F. Gow, Cambridge 1952². [115] Iamb. 1 frg. 191, 7f.

Aus der voraugusteischen Literatur haben wir nur eine schwache
Spur in einer programmatischen Stelle bei Lukrez, wo zwar nicht
Bacchus selbst genannt ist, sondern allein der Thyrsosstab als Symbol
der dichterischen Begeisterung.[116] Aber der irdische *amor laudis*,
nicht der Gott, ist die Ursache des Hochgefühls. Seit der augusteischen Zeit aber erscheint Bacchus häufig als Dichtergott bei Properz,
Lygdamus, Ovid, Lukan, Statius (aber nicht bei Vergil!).[117]

Es ist das Hauptanliegen der Darlegungen von Boyancé, neben
den rein literarischen Traditionen auch den außerliterarischen Einfluß Griechenlands auf das gesamte Leben Roms aufzuzeigen.[118]
In diesem Sinne rückt er die Vereinigung der römischen Dichter, die
sich nach dem Beispiel der griechischen τεχνῖται περὶ τὸν Διόνυσον
unter das Patronat des Bacchus zusammengeschlossen hatten, in den
Vordergrund seiner Betrachtung. Aus den Tristien Ovids können
wir am besten die Bedeutung dieser Dichtergemeinschaft ermessen
(trist. 4, 10. 5, 3).[119]

Das Wesen des traditionellen hellenistisch-römischen Dichtergottes Bacchus ist völlig undionysisch und ermangelt jeder charakteristischen Ausprägung. Nichts von dionysischer Begeisterung und
Ekstase ist zu spüren; ganz ruhig und besonnen klingt der Vers des
Kallimachos: ᾧ δὲ σὺ μὴ πνεύσῃς ἐνδέξιος... (epigr. 8, 3). Wie
könnte es anders zur Kunstauffassung des Alexandriners passen?
Die ebenfalls blaße Vorstellung bei den Augusteern läßt vermuten,
daß Kallimachos im Hellenismus keine Ausnahme machte. Wie
anders und wesentlich tiefer das Bacchusbild des Horaz ist, wie
persönlich er die Macht, die er in der Gestalt des Bacchus darstellt,
erlebt und gestaltet, wird uns besonders im Vergleich mit ähnlichen
Äußerungen römischer Dichter deutlich bewußt.

In der Elegie II 30b, 27ff. zeigt Properz den Bacchus inmitten
einer Landschaft, umgeben von seinem Gefolge. Auf den ersten

---

[116] 1, 922ff.; vgl. Boyancé a. O. 201, Anm. 1. Ov. am. 3, 1, 23. 3, 15, 17f.
Iuv. 7, 60.
[117] Vgl. o. S. 56f. m. Anm. 103.
[118] Für Bacchus besonders 203ff.
[119] Boyancé a. O. 198f. bezieht die Elegie III 17 des Properz mit ihrem
betonten Anfang *nunc* auf ein Fest in diesem Kreis. Heinze denkt sich
die Ode IV 8 des Horaz (vgl. Einleitung) im Kreis dieser *sodales*
vorgetragen. Dies sind jedoch nur Vermutungen.

Blick steht dies den Bacchusdarstellungen des Horaz ziemlich nahe;
Einzelzüge und das ganze Bacchuserlebnis sind jedoch völlig verschieden. Bei Properz ist Bacchus in seinem Wesen Apollo gleich
geworden. Statt des wilden bacchischen Taumels ist ein liebliches,
anmutiges Bild gezeichnet: Bacchus steht inmitten des Musenreigens
als Anführer des sanften Tanzes. Die alexandrinische Kunstauffassung, die sich in der ganzen Stimmung der Szene kundtut, ist am
greifbarsten in der Bezeichnung des Thyrsosstabes, *docta cuspide*
(V. 38). *Doctus,* das Attribut des gelehrten, auf großes Wissen und
feinste Form bedachten Dichters,[120] ist dem Symbol der dionysischen
Ekstase völlig fremd. Wie anders ist die Wirkung einer äußerlich
ähnlichen Bacchusbegegnung auf Horaz in der Ode II 19, 1–8!
Erschütterung und Angst zittern im warnenden Ausruf *euhoe, parce
Liber, parce gravi metuende thyrso* (V. 7f.). Wenn die properzische
Szene auf dem Götterberg auch große motivische Ähnlichkeit mit
dieser Bacchusode des Horaz aufweist, wie Boyancé betont,[121] so
darf doch der gewaltige Unterschied in der geistigen Haltung nicht
übersehen werden: Das erschütternde, ekstatische Gotteserlebnis des
Horaz steht in polarem Gegensatz zum anmutigen, spielerischen
Bild des Properz, das lediglich eine poetische Idee zum Ausdruck
bringt.

In seinen Briefen greift Horaz öfter die bequeme, harmlose
Bacchusvorstellung der Dichter und Dichterlinge an, die ohne eigenes
Bemühen einer Dichtermode nachlaufen. An erster Stelle ist wiederum die Epistel II 2, 77f. zu nennen,[122] in der Horaz durch ein
schillerndes ironisches Spiel mit den Formulierungen die programmatischen, hohen Schlagwörter der Dichterlinge als bloße Farce
demaskiert:

> scriptorum chorus omnis amat nemus et fugit urbem,
> rite cliens Bacchi somno gaudentis et umbra.

---

[120] Vgl. KH zur Ode I 1, 29 „... Beherrschung der *ars* in dem Sinne,
wie sie zuerst der Kreis um Catull erstrebte." Vgl. Catull. 65, 2 *a doc-
tis ... virginibus* = *Musis,* dazu Komm. von Kroll. Zu *doctus* als
Attribut der Dichter vgl. Thes. l. L. V 1, 1757, 12ff. 1758, 17ff. anders
Boyancé a. O. 201: „... il s' agit de cet enseignement par les dieux
qu'il est plus à propos d'appeler inspiration."

[121] a. O. 201. [122] Vgl. o. S. 46f.

Wir haben bereits bei der Behandlung des Dichterhaines gesehen, wie das wahre Anliegen des Horaz, die Stadtflucht und die Liebe zum Land, bei vielen zu einer faulen, oberflächlichen Mode geworden ist. Im selben Sinn wird Bacchus, der Herr der freien und wilden Natur, in ihrer Deutung zu einem bequemen Naturgenießer *(Bacchi somno gaudentis et umbra)* wie sie, die das ‚dolce far niente' pflegen und meinen, damit sei alles getan. Im Ausdruck *cliens Bacchi* spiegelt sich echtes römisches Empfinden, das die Dichtung unter den Schutz eines Gottes stellt. Das typisch römische Klientelverhältnis ist hier auf die Bindung zwischen dem Dichter und seinem inspirierenden Gott übertragen.[123] Absichtlich wählt Horaz jedoch den Ausdruck aus der Rechtssphäre, der durch seinen nüchternen, rationalen Ton in krassem Gegensatz zur heiligen, ernsten Sache steht. Wie weihevoll klingt das *Musarum sacerdos* im Proömium der Römeroden!

In heitererem Ton macht sich Horaz in der Epistel I 19, 3ff. über die oberflächliche Bacchusschwärmerei lustig:

> ut male sanos
> adscripsit Liber Satyris Faunisque poetas,
> vina fere dulces oluerunt mane Camenae.

Das Bacchuserlebnis wird zum bloßen Weinrausch verharmlost; keinen Funken des wahren bacchischen Geistes haben die Dichterlinge empfunden. Horaz sieht sich selbst als Urheber dieser Bewegung, die aus grobem Mißverständnis seiner eigenen Bacchusgedichte entstanden ist, indem seine Nachahmer die zwei bei ihm völlig getrennten Aspekte, Weingott — Dichtergott, kombinierten. Mag die Begründung, die Horaz hier gibt, auch nur in beschränktem Umfang zutreffen,[124] so zeigt doch die häufige Polemik, wie sehr solche Genieschwärmereien im Schwang waren. Inspiration und Genie sind Schlagwörter der Zeit, jedoch nicht im hohen Sinn der horazischen Bacchus- und Musengedichte, sondern als billige Genialität verstanden. Zu diesem harmlosen und weinseligen Gott der Dichterlinge steht das Bacchusbild des Horaz in größtem Gegensatz. Sein

---

[123] Vgl. Catull. 1, 9 *patrona virgo.*
[124] FRAENKEL 341 Anm. 1 weist auf die pindarisierenden Versuche des jungen Titius hin, Hor. epist. 1, 3, 9ff.

Bacchus hat die ursprüngliche, unwiderstehliche Gewalt, die den Menschen in die Einsamkeit zwingt und dessen Nachfolge gefährlich ist. In Formulierungen und Bildern und in der geistigen Haltung schließt sich Horaz in den Oden II 19 und III 25 im wesentlichen an die alten griechischen Vorstellungen vom thrakischen Dionysos an.[125] Sein Bacchuserlebnis steht an Wucht und Tiefe den Bakchen des Euripides viel näher als dem hellenistisch-römischen Dichtergott. Indem der Dichter sich selbst in die Mysterien des Gottes eingeweiht und unter dessen Gefolge aufgenommen fühlt, wird die Ekstase der Mänaden zum dichterischen Enthusiasmus.

In der Darstellung der göttlichen Inspiration, die den Dichter wie ein bacchischer Taumel ergreift und in höhere Sphären entrückt, steht Horaz der alten, demokritisch-platonischen Auffassung sehr nahe.[126] Im Ion (533d ff.), wo Plato über die göttliche Kraft (θεία δύναμις) spricht, die den Dichter und den Rhapsoden begeistert und sich in einer Kettenreaktion sogar auf das zuhörende Publikum überträgt, vergleicht er den schöpferischen ἐνθουσιασμός des Dichters mit dem Rasen der Mänaden (βακχεύουσι καὶ κατεχόμενοι ὥσπερ αἱ βάκχαι... 534a). In ähnlicher Weise erwähnt er im Phaidros (245a) die Besessenheit durch die Musen, die den Dichter in bacchische Ekstase versetzt. Bei Aristophanes spiegelt sich dieselbe Auffassung vom Dichten, wenn der Chor in den Fröschen (V. 1259) den Aischylos τοῦτον τὸν βακχεῖον ἄνακτα nennt.[127] Allerdings spielt hier auch das wilde, ungebändigte Temperament hinein, das sich im Agon von der kühlen Überlegenheit des Euripides scharf abhebt.[128] Diese Stellen zeigen zwar den Dionysos nicht in der Rolle eines Dichtergottes, lassen aber deutlich erkennen, daß schon früh eine Verwandtschaft zwischen der Ergriffenheit des Dichters und der bacchischen Ekstase empfunden und ausgesprochen wurde.

Aus der Betrachtung der beiden in ihrem Wesen verschiedenen Bacchuskonzeptionen, die sich außerhalb von Horaz finden, wird

---

[125] PASQUALI 550.
[126] Vgl. o. S. 12.
[127] L. RADERMACHER (Text u. Komm., Wien 1954[2] besorgt v. KRAUS, S. 315) athetiert V. 1257—60, betrachtet sie aber als Doppelfassung des Autors.
[128] V. 837ff.

deutlich, daß sich bei ihm beide Traditionen zu einem eindrucks-
vollen Ganzen verbunden haben: In der formalen Gestaltung hat
er viele Anregungen aus der hellenistisch-römischen Dichtertradition übernommen, in der Bacchus erst zum eigentlichen Dichtergott
geworden ist, an ekstatischer Macht und geistigem Gehalt aber steht
er der altgriechischen Vorstellung wesentlich näher. Doch erst die
Synthese beider Bacchusbilder konnte zu der überwältigenden Darstellung des inspirierenden Dichtergottes führen, die uns heute noch
packt.

Während die Ode III 25 ausschließlich die Wirkung der Gottes-
begegnung auf den Dichter zeigt, das Wesen des Gottes selbst jedoch
im Dunkeln läßt, können wir aus der anderen Bacchusode des
Horaz, II 19, seine Bacchusvorstellung deutlicher erfassen. Aus der
Polemik gegen seine Nachahmer (epist. 1, 19) ist uns bereits klar-
geworden, daß sich für ihn das eigentliche Wesen des Bacchus nicht
in der Funktion des Weingottes erschöpft. Denn obschon Bacchus
als Gott des Weines bei Horaz begreiflicherweise eine große Rolle
spielt, fehlt dieses Element in den hymnischen Bacchusoden III 25
und II 19 ganz.

c) Das Bacchusbild der Ode II 19

> Bacchum in remotis carmina rupibus
> vidi docentem, credite posteri,
>   Nymphasque discentis et auris
>   capripedum Satyrorum acutas.
>
> euhoe, recenti mens trepidat metu   5
> plenoque Bacchi pectore turbidum
>   laetatur, euhoe, parce Liber,
>   parce gravi metuende thyrso.
>
> fas pervicacis est mihi Thyiadas
> vinique fontem lactis et uberes   10
>   cantare rivos atque truncis
>   lapsa cavis iterare mella,

fas et beatae coniugis additum
stellis honorem tectaque Penthei
disiecta non leni ruina   15
    Thracis et exitium Lycurgi.

tu flectis amnis, tu mare barbarum,
tu separatis uvidus in iugis
    nodo coerces viperino
        Bistonidum sine fraude crinis.   20

tu, cum parentis regna per arduum
cohors gigantum scanderet inpia,
    Rhoetum retorsisti leonis
        unguibus horribilique mala;

quamquam choreis aptior et iocis   25
ludoque dictus non sat idoneus
    pugnae ferebaris; sed idem
        pacis eras mediusque belli.

te vidit insons Cerberus aureo
cornu decorum leniter atterens   30
    caudam et recedentis trilingui
        ore pedes tetigitque crura.

In der ersten Strophe beteuert Horaz feierlich, er habe den Bacchus in der Felseinsamkeit gesehen. Aber welch ungewohntes Bild! Bacchus ist nicht vom schwärmenden und tanzenden Thiasos umgeben, sondern steht wie ein Schulmeister mit erhobenem Stock vor seiner aufmerksamen Schar und lehrt die Nymphen und Satyrn seine Lieder. In anspruchsvollem, prophetischem Ton heischt Horaz Glauben von der Nachwelt, *credite posteri* (V. 2), mit übersteigertem Pathos, in dem ein Lächeln mitschwingt wie öfters, wenn er seine persönlichste Anteilnahme oder Ergriffenheit verbergen will. Auch hier verbinden sich in echt horazischer Weise Pathos und Ironie, Ernst und Scherz. Bereits in der zweiten Strophe jedoch wandelt sich der Ton. Das Spielerische weicht erneuter Erregung, die in der Erinnerung an das Erlebnis gewaltig aufflackert; der

Gott gewinnt wieder völlige Macht über Horaz. Mit dem doppelten
Ruf *euhoe* verleiht der Dichter seiner Erschütterung Ausdruck, die
wie in der Ode III 25 zwischen Freude und Furcht schwingt. Gleich
den Eingeweihten darf nun der Dichter schauen, was kein gewöhn-
liches Auge sieht. *Bacchum ... carmina ... vidi docentem* wird in
einem weit tieferen Sinn wahr, als es das erste scherzhafte Bild
vermuten läßt: Der Dichter darf Einsicht gewinnen in das Wesen
des Gottes und das Erkannte in seinen Liedern verkünden (*fas
est ... V. 9ff.*). Ernst und feierlich besingt nun Horaz in einem
hymnischen Preis den Gott, seine Taten und Wunder, die furcht-
bare Bestrafung und den Untergang seiner Feinde. In diesem Hymnus, der sich in dem doppelten, betonten *fas* am ˆAnfang der
dritten und vierten Strophe vorbereitet und im zweiten Teil der
Ode (Str. 5—8) zur vollen Entfaltung kommt,[129] zeichnet Horaz
sein Bacchusbild, das trotz vielen traditionellen Zügen in der Ge-
samtkonzeption eigen und persönlich ist.

Die Ströme von Wein, Milch und Honig, die grausige Vernich-
tung der thebanischen Widersacher (V. 9—16) klingen stark an die
Bakchen des Euripides an,[130] in die viele Vorstellungen vom thrakischen Dionysos eingegangen sind. Auch der Gang in die Unterwelt
(V. 29ff.) und der Indienzug, an den Horaz im Vers 17 anspielt,
nehmen griechische Mythen auf.[131] Durch diese Überwindung dunk-
ler, wilder Gewalten gehört Dionysos unter die Wohltäter der
Menschheit wie Herakles, die Dioskuren, Romulus. Von den Augusteern, die eine große Vorliebe für die ἥρωες ἀλεξίκακοι haben,
wird auch Augustus in diese Reihe aufgenommen, da sie in ihm
als dem Bezwinger des Feindlichen und Bösen und Friedensbringer
in ihrer eigenen Zeit eine Weiterführung jener Taten erleben.[132]
Besonders die Eroberung des barbarischen Ostens durch Dionysos
wird für sie zum Urbild ihrer eigenen Auseinandersetzungen mit
den Parthern. Ähnliche Bedeutung liegt auch im Gigantenkampf
(V. 21ff.), der für Horaz zum Symbol des Kampfes zwischen dem

---

[129] KH zu V. 17ff. FRAENKEL 200.
[130] KH zu V. 9ff. 14ff.: Eur. Bakch. 141f., 587f., 633, 704ff.
[131] KH zu V. 17 mit Hinweis auf Nonnos. Zur Katabasis vgl. OTTO a. O.
107f. Zur Doppelnatur des Dionysos ebd. 105ff.
[132] Verg. Aen. 6, 789—807. Hor. carm. 3, 3, 9ff. epist. 2, 1, 5ff.

Maßvollen, Geistigen und der brutalen, leidenschaftsentfesselten Gewalt geworden ist, wie ihn seine Zeit erlebt. Wenn auch bereits auf attischen Vasen des frühen 4. Jahrhunderts Dionysos in der Schar der olympischen Götter an diesem Kampf teilnimmt,[133] so ist es doch höchst bedeutungsvoll, daß Horaz den Bacchus in dieser Ode ohne weiteres den Olympiern beigesellt, während er ihn in der großen Darstellung des Kampfes in der Ode III 4 nicht erwähnt. Denn dadurch, daß Bacchus sich für die gute und weise Herrschaft Jupiters einsetzt, wird er den hellen olympischen Göttern gleichgestellt und wie sie zur Verkörperung der olympischen Idee des Guten, Maßvollen, Weisen.

Bacchus ist aber nicht nur ein Gott des Krieges, des kämpferischen Wirkens auf das Gute hin; sein eigentliches Wesen ist tiefer Friede (V. 25ff.); er ist mehr dem Reigen, Scherz und Spiel zugetan, die besser zu seiner Stellung als Dichtergott passen. Es ist jedoch klar, daß wir den Bacchus dieser Ode nicht mit dem Begriff ‚Dichtergott' oder ‚thrakischer Dionysos' oder ‚heilbringender Heros' in seinem ganzen, äußerst komplexen Wesen erfassen können, da er alle diese Teilfunktionen in sich vereinigt. In der Vielfalt seiner Wesenszüge hebt sich aber eine deutliche Doppelgestaltigkeit ab, die für den horazischen Gottesbegriff höchst charakteristisch ist: Die dunkle und die helle Seite des Gottes, die bereits in den verschiedenen griechischen Sagenversionen angedeutet sind, werden bei Horaz zum beherrschenden Eindruck. In wirkungsvollem Kontrast zeichnet der Hymnus diese Doppelnatur des Bacchus, der dämonische, gefährliche Mächte neben besänftigenden, freundlichen in sich vereinigt, indem er alles dem einen Ziel, der Verwirklichung des Guten, unterstellt. Furchtbar bestraft er seine Feinde, bringt aber Glück und Frieden seinen Anhängern; er steigt in die Unterwelt hinab und macht sich im Höllenhund Cerberus ihre wilden Mächte untertan, und er gehört doch in die Reihen der olympischen Götter; er ist Dichtergott und Bezwinger des Barbarischen und Wilden zugleich.

---

[133] F. VIAN, La Guerre des Géants, Paris 1952, 83ff. Ders. Répertoire des Gigantomachies figurées dans l'art grec et romain, Paris 1951, Pl. 46: 393 Amphora im Louvre von Milo, attisch, Anfang 4. Jahrh. — Pl. 44: 389 Krater von Neapel, attisch 420—400; es finden sich aber bereits im 6. Jahrhundert Beispiele!

Die beiden Grundkräfte allen Seins — Leben und Tod, Hell und
Dunkel — manifestieren sich aber für Horaz nicht allein in Bacchus,
sondern in allen für ihn bedeutsamen Göttergestalten.[134] Bogen und
Leier, die charakteristischen Attribute Apollos, sind die Symbole
seines dunkeln, gefahrbringenden u n d seines lichten, geistigen
Wesens.[135] Merkur, der im Hymnus I 10 als Kulturbringer, Götter-
bote, Gott des glücklich erhaschten Augenblicks und Erfinder der
Lyra erscheint, ist anderseits auch Totengeleiter. In dieser doppelten Erfahrung des göttlichen Wirkens, die bei allen Göttern in den
Grundzügen ähnlich ist, äußerst sich eine monotheistische Gottes-
auffassung, die in e i n e m Wesen die polaren Gegensätze umfaßt.
Auch im komplexen Wesen des Bacchus spricht sich eine allumfas-
sende Gottesidee aus, die ihn weit über die Bedeutung eines spezia-
lisierten Gottes zur Erscheinung dieses Göttlichen an sich erhebt.
Die höchste Verkörperung dieser Gottesidee ist Jupiter, der Sieger
über das Dunkel und Vollender der Weisheit, wie er uns im großartigen Kosmos des Musengedichtes (III 4) erscheint. Aber wie die
andern Götter ist auch Bacchus, in der Ode II 19, in die Verwirklichung dieser Friedensherrschaft einbezogen. Verkörperung der
göttlichen Weisheit, die sich in vollendetster Form in Jupiter offenbart, sind die Musen, welche den Menschen durch den Mund ihrer
Priester, der Dichter, das göttliche Wort vermitteln und Einsicht in
das Wesen des Höchsten gewähren. Da die Dichtung in dieser großartigen Sicht nicht mehr nur eine begrenzte künstlerische Äußerung
ist wie die bildenden Künste, sondern Offenbarung der göttlichen
Weisheit, ist es verständlich, daß außer Jupiter alle Einzelmani-
festationen des Göttlichen, Apollo, Merkur, Bacchus, zum Musischen
in derselben engen Beziehung stehen. Wenn speziell Bacchus dem
Horaz als „musischer Gott" erscheint (Heinze, Einleitung zur Ode)
und die Bändigung der Flüsse (V. 17) und die Bezähmung des
Höllenhundes (V. 29ff.) an die Bilder erinnern, mit denen sonst
die Macht der Musik geschildert ist (carm. 1, 12, 9ff. 3, 11, 13f.
2, 13, 33ff.), soll er nicht als Dichtergott charakterisiert werden,

---

[134] H. Oppermann, Das Göttliche im Spiegel der Dichtung des Horaz,
Altspr. Unterr. II 9, 1956, 54ff. Merkur 60ff. Apollo 63f. Bacchus 64.
[135] Bogen: Hor. carm. 1, 12, 23f. carm. saec. 61f. — Lyra: carm. 3, 4, 4.
4, 6, 25f. — vereinigt: carm. 2, 10, 18ff.

sondern als Teilhaber an der olympischen Idee der geistigen Helle und Klarheit. Denn die Kraft des Musischen und des Bacchischen sind nur zwei Manifestationen der einen Gottesidee.

Dasselbe umfassende Bacchusbild dürfen wir auch in der Ode III 25 annehmen, obschon dort nicht ausdrücklich vom Gott, sondern vom Erlebnis des Dichters die Rede ist. Bereits oben[136] haben wir eine merkwürdig undionysische Beruhigung (mirari libet V. 14) feststellen können, die aus der erweiterten Sicht der Ode II 19 verständlich wird: Die Bacchusbegegnung hat zur Erkenntnis des Göttlichen an sich geführt, das für Horaz von Ruhe, Maß und Ordnung erfüllt ist.

In analoger Weise erhält auch die Bacchuslandschaft, in die der Dichter entrückt wird, eine weitere, allgemeinere Bedeutung. Was zuerst als wilde, erschreckende Höhlen und Wälder erschienen ist, wird nun durch die Schau zu einer lieblichen, dem Musenhain ähnlichen Landschaft; denn diese ist nicht mehr nur bacchische Wildnis, sondern sichtbares Zeichen der geistigen, göttlichen Welt, *nemus.*

[136] Vgl. o. S. 55f.

2. Kapitel

LANDSCHAFT

Nachdem wir im ersten Kapitel vor allem die Anlehnung des horazischen Musen- und Dichterhainmotives an literarische Traditionen betont und in ihrer Bedeutung gewürdigt haben, stellt sich uns nun die Frage nach Wesen und Herkunft der landschaftlichen Elemente, welche den Dichterhain des Horaz im Gegensatz zum vorwiegend symbolhaften *Ascraeum nemus* des Properz auszeichnen.[1] Die landschaftliche Vorstellung und Stimmung, welche die Schilderungen des horazischen *nemus* erfüllen, lassen spüren, daß der Hain der persönlichen Empfindung des Dichters tief entspricht. Die Lebendigkeit und Weite seines Bildes machen den Dichter h a i n zur Dichter l a n d s c h a f t. Um nun die landschaftlichen Elemente der horazischen Dichterwelt in ihrem Wesen verstehen und ihre Bedeutung für sein dichterisches Schaffen ermessen zu können, müssen wir zunächst einen kurzen Blick auf seine Landschaftsschilderungen im allgemeinen werfen und uns die für unseren Zusammenhang wesentlichen Grundzüge seines Landschaftsempfindens bewußt machen.[2]

1. Das Landschaftsempfinden des Horaz

Rudolf Borchardt[3] hat gezeigt, daß das römische Landschaftsempfinden vom deutschen, romantischen sehr verschieden ist, und hat davor gewarnt, dieser anderen Haltung der Natur gegenüber,

---

[1] Vgl. o. S. 40ff.   [2] Literaturbericht für die Jahre 1920—59: D. Wiegand, Gymnasium 67, 1960, 344ff., bes. 351ff. — Frühere Literatur: A. Biese, Die Entwicklung des Naturgefühls bei den Griechen und Römern, Kiel 1882/84; Horaz II 79ff. — Bernert, RE 32. Hdb., 1935, 1811—63, bes. 1856ff. —

Hauptsächlich für diese Arbeit verwendet: Friedlaender I 459—88. — Pasquali 521—65. — W. Richter, Vergil als Dichter und Deuter der Natur, Altspr. Unterr. I 5, 1953, 26—45. — G. Marxer, Über das Landschaftsempfinden bei den Römern, Neue Schweizer Rundschau 22, 1954, 101—09. — Petrocchi 210—20. — R. Borchardt, Villa, in: Prosa III, Stuttgart 1960, 38—70.   [3] 54ff.

die sich mehr nach realer Nützlichkeit ausrichtet, ein Verhältnis zur Landschaft überhaupt abzusprechen. Es sind vielmehr zwei verschiedene Möglichkeiten, die gleichwertig nebeneinander stehen. Auch Horaz empfindet die Landschaft völlig antik und südländisch. Auch sein Gefühl für Natur und Landschaft ist grundlegend vom Gegensatz Stadt — Land / *urbs* — *rus* geprägt, der wie Borchardt darlegt, das ganze römische öffentliche und private Leben durchdringt.

Die Villa ist das Zentrum, um das sich die Landschaft in der Dichtung des Horaz fügt: Auf seinem Gütchen in den Sabinerbergen, in den Villenstädten Tibur und Baiae oder gar im fernen fruchtbaren Tarent, wo ein lieblicher Winkel ihn zur letzten Wohnstätte ruft, erlebt er die Geborgenheit in einer stillen, schönen Landschaft. Im Garten der Villa unter einem schattenspendenden Baum am kühlen Bach pflegt er die Freundschaft bei Wein und Gespräch, oder er ruht allein im weichen Gras, um sich von den Aufregungen des Alltags zu erholen und seine Gedanken in philosophisch-ethischen Betrachtungen zu sammeln und auf sich selbst und seine wesentlichen Lebensfragen zu richten. Von der Villa aus sieht er auch als Städter das Landleben der Bauern, ohne in ihre Mühen und harten Arbeiten wirklich einzudringen. Denn sein Verlangen, der Stadt zu entfliehen, umgibt das Bauerntum mit einem goldenen Glanz, indem es ihm, wie Vergil, als die ursprüngliche, wahre Lebensweise des Menschen erscheint, zu der sich der Städter zurücksehnt. Auf der Villa in ländlicher Umgebung kann er selbst ein einfaches Leben führen und die Spuren einer guten, längst vergangenen Zeit finden. In dieser Geborgenheit gibt es nur Ruhe und Stille und unbeschränktes Genießen, nicht Arbeit und Mühe. Dieses Genießen kennzeichnet die horazische Landschaftsbeziehung. Die Landarbeit, die in den Georgica des Vergil die Kräfte der Natur und des Menschen erst zur Vollendung bringt,[4] fehlt in den Schilderungen des Horaz fast ganz. Während bei Vergil eine ständige Wechselbeziehung zwischen Pflege und Veredelung der Natur und dem Empfangen ihrer Gaben hin und her spielt, strömt bei Horaz die Natur allein auf den Menschen ein: Er läßt sich von der Landschaft beschenken mit der Wohltat ihrer Stille, mit der kühlen, erfrischenden

---

[4] RICHTER a. O. 40ff. Idealbild ist der Alte von Tarent (georg. 4, 125ff.).

Luft, mit den Früchten; er ist immer der Empfangende, höchstens im Dankopfer der Gebende. Nie tritt Horaz aus sich heraus in die Natur, um sich in das fremde Element zu vertiefen und von der Belastung des eigenen Ichs freizuwerden.[5] Immer steht er, der Mensch, im Zentrum und läßt die Natur in seinen persönlichen, menschlichen Lebensbereich hineinwirken.

Das ichbezogene Verhältnis zur Landschaft äußert sich bei Horaz am auffälligsten in der Beseelung der Natur. Dies ist zwar bei ihm nichts Neues. Denn die griechische Vermenschlichung der Natur, die sich in den Personifikationen von Naturkräften (Nymphen, Satyrn usw.) äußert, hat bereits in der archaischen Dichtung zur Übertragung menschlicher Handlungsweise und Empfindung auf die Natur geführt. Schon bei Homer wird eine vom Lichtreflex der glänzenden Waffen aufleuchtende Landschaft als lachend empfunden (Il. 19, 362). Besonders das Rauschen von Meer und Wasser wird gern als menschliche Äußerung dargestellt: Bei den Tragikern und den hellenistischen Dichtern seufzt und klagt, schweigt oder schläft das Meer; bei Anakreon plaudern die Wellen.[6] Doch sogar im Hellenismus kommt die Übertragung aus dem menschlichen Bereich auf die Landschaft nur in diesen wenigen Typen vor. Wenn sich auch bei Horaz ähnliche Wendungen finden, *loquaces lymphae* (carm. 3, 13, 15), *taciturnus amnis* (carm. 1, 31, 8), so erhält doch die Beseelung der Landschaft bei ihm eine wesentliche Erweiterung und Vertiefung: Der ruhende Berg — *Usticae cubantis* (carm. 1, 17, 11) — spiegelt die friedliche Stimmung, die den Horaz auf seinem Sabinum umgibt, deutlich wider.[7] In der Ode II 6 erhält die Schilderung des fruchtbaren Tarent eine erhöhte Bedeutung und Anziehungskraft dadurch, daß der Landschaft und den Früchten aktives Handeln und Fühlen zugeschrieben wird:[8] *angulus ridet* (V. 14), *non ... mella decedunt* (V. 14f.), *certat baca* (V. 15f.), *amicus*

---

[5] PASQUALI 521ff.

[6] Aisch. Prom. 90; 431. Ag. 565f. Eur. Tro. 826. Sim. 13, 18 (D); Anakr. 80 (D). Kall. h. 2, 18. Theokr. 2, 38. Ap. Rh. 4, 1171ff. Lykophr. 877f.

[7] PETROCCHI 219: „... qualche cosa che giace, come distesa, o come abbassata dolcemente, e lievemente, forse non senza alludere a quel carattere quasi assonnato e dormente che hanno le campagne nell' ardore della canicola."   [8] Vgl. u. S. 123.

Aulon fertili Baccho ... invidet (V. 18ff.), *ille te mecum locus et beatae postulant arces* (V. 21f.). Hier wird deutlich, daß diese Art der Schilderung für Horaz nicht ein bloßes Stilmittel ist, sondern eine große Bedeutung hat: Eine Landschaft, die ihn besonders anspricht, wird sogleich ganz in den persönlichen, menschlichen Bereich einbezogen. Wie die römische Villa die Landschaft in ihre Geborgenheit hereinnimmt durch schöne Ausblicke aus den Fenstern oder Landschaftsmalereien in den Räumen, so erlebt auch Horaz sie in echt römischer Weise nur im Bannkreis menschlichen Lebens.[9] Ihr Leben und Wesen wird völlig in menschlichen Formen empfunden und in seelische Verbindung zum Menschen gesetzt. Was Horaz empfindet, glaubt er in der Landschaft als aktives Handeln wahrzunehmen. Der schöne Ort, nach dem er sich sehnt, scheint ihn selbst zu rufen; die Gefühle, welche die Landschaft in ihm weckt, projiziert er in diese zurück: In dieser Schilderung von Tarent (bes. V. 14ff.) sind weniger die objektiven Realitäten wesentlich als das subjektive Empfinden, das Horaz als Spiegelung seiner eigenen Seele in die Landschaft legt. Deshalb nennt er den Ort, wo er selbst glücklich leben kann, *beatus* (epist. 1. 10, 14. carm. 2, 6, 21) und die Villenstadt Tibur *vacuum* (epist. 1, 7, 45), was nicht auf Einsamkeit, sondern auf Musse hindeutet.[10] Die Atmosphäre der Landschaft und die Stimmung des Menschen werden bei Horaz zu einer untrennbaren Einheit.

Eine ähnliche seelische Übereinstimmung von Mensch und Natur findet sich auch an einigen Stellen der Bucolica Vergils: Tiere und Natur trauern um Daphnis (5, 24ff.), Pinien und Quellen rufen den Tityrus zurück (1, 38f.). In den Georgica hingegen werden Naturerscheinungen häufiger in geschlossenen, selbständigen Bildern geschildert, ohne daß der Widerhall in der Seele des Menschen hineinspielt. Auch dort ist der Natur durch menschliches Fühlen und Handeln Leben und Anschaulichkeit verliehen; aber die Beziehung des Dichters zu ihr ist eine andere: Er zieht die Natur nicht in seinen

---

[9] Vgl. MARXER a. O. 107f. — H. DRERUP, Bildraum und Realraum in der römischen Architektur. Mitt. d. dt. arch. Inst. roem. Abt. 66, 1959, 147ff.

[10] Vgl. FORCELLINI VI 233 *otiosus;* so Hor. *vacuas ... Athenas* epist. 2, 2, 81, vgl. KH z. St.

Bereich, sondern er sucht in das fremde Element einzudringen und
dessen Wesen mit den ihm zu Gebote stehenden Möglichkeiten zu
erfassen: Er sieht die Natur Freude und Schmerz empfinden in
menschenähnlicher Weise: *animos tollent sata* (georg. 2, 350); *nunc
nemora ingenti vento, nunc litora plangunt* (georg. 1, 334). Ein
frischbepfropfter Baum bewundert seine neuen Blätter und Früchte
(*et ingens / exiit ad caelum ramis felicibus arbos, / miraturque novas
frondes et non sua poma* georg. 2, 80ff.). Das menschliche Verhältnis von Mutter und Kind wird überall in der Pflanzen- und
Tierwelt wiedergefunden: Der Boden ist die Mutter für die Samen
(georg. 2, 268). Viele Stellen zeugen von einer liebevollen Hingabe
und einem außergewöhnlichen Verständnis für einzelne, oft gerade
die kleinsten und unscheinbarsten Phänomene. Vergil überträgt
jedoch nicht nur menschliche Verhältnisse und Empfindungen auf
die Natur, sondern auch für das Fremde und Befremdliche hat er
Auge und Sinn, wie wir es in der Antike sonst vergeblich suchen.[11]
Bei ihm tut sich ein Naturgefühl kund, das von dem des Horaz
grundsätzlich verschieden ist: Während bei Horaz die beseelte Landschaft zum Spiegel der eigenen Gefühle wird und der Mensch ganz
auf sich selbst bezogen bleibt, begibt Vergil sich ins fremde Element
und spürt mit einem feinen Einfühlungsvermögen das Verwandte,
Menschliche darin auf.[12] Deshalb erhalten seine Naturschilderungen,
wenn sie auch stark von der menschlichen Empfindung her bestimmt
sind, großes Eigenleben und Eigengepräge. Wenn der Tiber und
seine Ufer sich über die Fremdlinge wundern — *mirantur et undae /
miratur nemus insuetum fulgentia longe / scuta virum fluvio pic-
tasque innare carinas* (Aen. 8, 91ff.) — so ist der Landschaft ein
freies, menschenähnliches Fühlen eigen, das nicht Projektion einer
bestimmten, durch die Landschaft ausgelösten seelischen Regung des
Menschen, sondern ein selbständiges Handeln ist.

Die horazische Beseelung der Natur, die immer einen Reflex der
menschlichen Seele darstellt, entspricht seinem Bedürfnis nach Einklang von Mensch und Landschaft. Denn für ihn ist die Verwirklichung eines vollkommen glücklichen Daseins nur in der Harmonie

---

[11] RICHTER a. O. 33f.: am deutlichsten bei den Tieren vgl. georg. 3, 51ff;
    tierisches Schönheitsideal von dem des Menschen völlig verschieden.
[12] RICHTER a. O. 32, 34f.

von Äußerem und Innerem, von Landschaft und Seele möglich. In der Epistel I 10, die für seine philosophische Begründung des Land-lebens von zentraler Bedeutung ist, hat er diesen Gedanken als theoretische Forderung ausgesprochen:

> vivere naturae si convenienter oportet
> ponendaeque domo quaerenda est area primum:
> novistine locum potiorem rure beato? (V. 12ff.)

Nach der Anschauung des Horaz, die stoische und epikureische Gedanken verbindet,[13] ist einzig das mit der Natur in Einklang stehende Landleben für den Menschen die wahre und seinem Wesen entsprechende Lebensform. In vielen Bildern des guten, alten itali-schen Bauerntums, wo Bauern oder Hirten in ländlich-friedlicher Umgebung gezeigt werden,[14] ist die Sehnsucht nach der primitiven Einheit, die dem Städter verloren gegangen ist, deutlich spürbar. Auch diese philosophische Einstellung zu Land und Landschaft ist auf dem Grund eines völlig menschbezogenen Naturverhältnisses erwachsen.

Das Bedürfnis nach Einklang von Mensch und Umwelt tut sich auch in der Wahl der Landschaften, die geschildert werden, kund: Horaz spricht nur von Gegenden, die zu ihm und seinem Leben in einer inneren Beziehung stehen, vom Digentiatal, von Tibur, von Tarent und anderen Villenorten.[15] Auf der Reise nach Brindisi (sat. 1, 5) hingegen, wo er fast lauter Neuem, Unbekanntem be-gegnet,[16] interessieren ihn die Menschen viel mehr als die wechseln-den Landschaftsbilder, die sich seinem Auge fremd darbieten.

Nur zur lieblichen, sanften Landschaft fühlt Horaz sich hinge-zogen, die von Menschenhand aus ihrer ursprünglichen Wildheit

---

[13] KH z. St.

[14] carm. 3, 1, 21ff. 3, 6, 37ff. 3, 29, 21ff. epod. 2.

[15] Sabinum: carm. 1, 17. 3, 13. sat. 2, 6. epist. 1, 14. 1, 16, 1ff. 1, 18, 104f. — Tibur: carm. 1, 7. 2, 6, 5ff. vgl. u. II. Teil — Tarent: carm. 2, 6, 10ff. vgl. u. S. 119ff. — Baiae: carm. 2, 18, 20. 3, 4, 24. epist. 1, 1, 83 usw. — Praeneste: carm. 3, 4, 22f. epist. 1, 2, 2. — Tusculum: epod. 1, 29f. carm. 3, 29, 8.

[16] Die Heimat (vgl. v. 77f.) erscheint in der Dichtung des Horaz nicht als Landschaft, sondern als Sinnbild seiner niederen, unbedeutenden Herkunft; vgl. WILI 15f.

herausgeführt und veredelt ist;[17] die menschenferne, unberührte
Einsamkeit ist für ihn unheimlich und schrecklich. Nur dank der
schützenden Kraft des Faunus können die Ziegen ruhig und gefahr-
los abseits des Weges weiden (*inpune tutum per nemus arbutos* /
quaerunt latentis et thyma deviae / *olentis uxores mariti . . .* carm.
1, 17, 5ff.). Für die wilde Schönheit einer Berglandschaft, lebens-
feindlicher Fels- und Gletscherschründe, einer zerklüfteten, von
Wassermassen durchbrausten Schlucht, die uns Moderne so mächtig
anzieht, hat Horaz kein Auge. Dies zeigt sich besonders schön in
der Schilderung von Tibur in der Ode I 7, 12ff.[18] Das eigenartige
Doppelgesicht der tiburtinischen Landschaft, die sanfte Lieblichkeit
der Äcker, Gärten und Olivenhaine mit der gewaltigen Wildheit
des Aniosturzes verbindet, hat Horaz kaum so empfunden wie wir
heute; denn er läßt die kurze Erwähnung des Wasserfalles (*praeceps
Anio*) hinter dem Bild der fruchtbaren, künstlich bewässerten Obstgärten und geheiligten Stätten zurücktreten.

Alle Schönheit und aller Reichtum einer Landschaft erfüllt jedoch
ihren Sinn erst im Dienst am Menschen. Mit etwas überspitzter
Deutlichkeit ist diese Auffassung des Horaz in der Ode II 3 zum
Ausdruck gebracht. Ein liebliches Plätzchen fordert den Menschen
zum epikureischen Lebensgenuß, zum *carpe diem* auf:

> quo pinus ingens albaque populus
> umbram hospitalem consociare amant
> ramis? quid obliquo laborat
> lympha fugax trepidare rivo? (V. 9ff.)

Dieses hellenistisch anmutende Bild (vgl. Theokr. 7, 7ff.) ist ganz
auf die philosophische Parainese ausgerichtet. Die einleitenden
Fragepronomina *quo* und *quid* zeigen den Nützlichkeitsstandpunkt
mit aller Schärfe; und die Natur als Vorbild und Mahnerin des
Menschen ist selbst erfüllt von jenen vorbildlichen menschlichen
Eigenschaften des Genießens und der Geselligkeit: In menschenähn-
lichem Fühlen schlingen die Bäume ihre Zweige wie Arme inein-
ander und strömen eine Atmosphäre der Gastlichkeit und der
Freundschaft aus. Hier ist die Beseelung der Landschaft im Dienst

---

[17] Friedlaender 473ff. Pasquali 522. Marxer a. O. 107f.
[18] Pasquali 522f. Vgl. u. S. 135f.

der gedanklichen Aussage gesteigert. Die Grundhaltung gegenüber der Landschaft, die sich in dieser Ode ausspricht, ist jedoch typisch für Horaz und die meisten Römer, deren Naturgefühl sich auf das *rus amoenum,* die gepflegten, künstlichen Anlagen der Gärten, beschränkt und im einseitigen Genießen der Parklandschaft seine volle Befriedigung findet.[19] Denn dem antiken, südländischen Menschen fehlt jeglicher Sinn für das Schauerlich-Schöne, das im romantischen Naturempfinden von großer Bedeutung ist.[20]

Das Naturgefühl des Horaz ist von der religiösen Bindung, die das alte, primitive Verhältnis zur Natur kennzeichnet,[21] frei. Wenn er auch in der Fruchtbarkeit des Sabinums (carm. 1, 17) oder im üppigen Gedeihen von Tarent (carm. 2, 6) ein Zeichen göttlichen Segens erblickt, so bezieht sich diese Empfindung nicht auf eine einzelne Erscheinung, in der sich eine Naturgottheit manifestiert, sondern auf die Gottheit als umfassende, lenkende Macht, in deren Schutz Horaz sich fühlt. In den Schilderungen der Satiren und Episteln,[22] die von literarischer Tradition unabhängiger sind, zeigt sich deutlich, daß die Erlebnisse des Horaz landschaftlich-real sind. Wenn er in Frühlingsgedichten das Motiv der tanzenden Nymphen aufnimmt (carm. 1, 4, 5f. 4, 7, 5f.) oder bei einem idyllischen Bild von der heiligen Quelle spricht (*nunc ad aquae lene caput sacrae* carm. 1, 1, 22), so dürfen wir darin nur ein literarisches und künstlerisches Anliegen erblicken.[23] In der Gestalt des Faunus (carm. 1, 17. 3, 18) drängen hellenistisch-literarische Züge die italisch-religiösen in den Hintergrund,[24] und im kleinen Hymnus auf die Quelle der Bandusia (carm. 3, 13) ist auch das Opfer als italisch-religiöses Motiv nur mehr äußerer Anlaß. Die übersprudelnde Lebendigkeit des Wassers und seine erquickende und belebende Wirkung in der Landschaft ist einem persönlichen Landschaftsempfinden und nicht einem wirklich religiösen Erlebnis entsprungen;[25] auch in dieser unreligiösen,

---

[19] Anders bei Vergil vgl. o. S. 71 Anm. 4.
[20] H. KREFELD, Zum Naturgefühl der Römer, Gymnasium 64, 1957, 23ff. — FRIEDLAENDER 478ff.: kein Verständnis für Gebirgsnatur. — PASQUALI 550f. — BERNERT a. O. 1859ff.
[21] BERNERT RE a. O. 1812f. FRIEDLAENDER 459ff.
[22] sat. 2, 6, 1ff.; 16ff. 1, 5, 14ff. epist. 1, 16, 1ff. 1, 18, 104ff. 1, 10. 1, 14.
[23] ZIELINSKI a. O. 122f. nimmt mehr innere Bedeutung an.
[24] KH zu carm. 3, 18, 1. PASQUALI 559ff.   [25] Vgl. u. S. 86ff.

realistischen Haltung des Horaz spiegelt sich die ausgeprägte Ich-bezogenheit seines Naturgefühles.

Durch den Vergleich mit den Landschaftsschilderungen des Vergil, die lebendiges Zeugnis eines für die Antike unerhörten, einmaligen Einfühlungsvermögens sind, wird das Landschaftsempfinden des Horaz gern abgewertet und seine Darstellungen nur im Lichte traditioneller Bindungen gesehen. Es ist gewiß nicht zu bestreiten, daß manche idyllischen Bilder eines lieblichen Plätzchens motivisch und künstlerisch den hellenistischen Schilderungen sehr nahe stehen. Das Ruhen an der kühlen Quelle im Schatten von Bäumen, die mit Namen bestimmt werden, erinnern an Stellen bei Theokrit und den hellenistischen Epigrammatikern.[26] Zum Bild des *fons Bandusiae,* der aus ausgehöhlten Steinen herabsprudelt, lassen sich hellenistische Parallelen anführen.[27] Die Vorliebe für idyllisch-bukolische Szene-rien und die einseitige Bevorzugung der *amoenitas,* die den Römern allgemein eigen ist, haben zur häufigen Übernahme hellenistischer Landschaften geführt; sie bleibt auch nicht auf die Dichtung be-schränkt: In der Gartenbaukunst und in der Landschaftsmalerei haben die Römer viel von den hellenistischen Griechen gelernt.[28] Man darf diese Verwandtschaft aber nicht überbetonen wie Pas-quali,[29] der das Naturgefühl der Römer mit dem hellenistischen völlig gleichsetzt und nur Vergil davon ausnimmt. Denn es gibt gerade bei Horaz viele Stellen, die in Motiv und stilistischem Aus-druck ein neues Empfinden ankündigen. Nicht nur Vergil, sondern auch Horaz ist gerade in den Schilderungen, die ihm persönlich am Herzen liegen, eigene Wege gegangen. Dies können uns Vergleiche mit hellenistischen Darstellungen, die ihm als bereits gegebene lite-rarische Möglichkeiten vor Augen standen und ihn zur Auseinander-setzung aufforderten, bewußt machen.

Ein wesentlicher Unterschied liegt zunächst in der völlig anderen Stellung, die ein landschaftliches Motiv in der Gesamt-komposition der Gedichte einnimmt. Bei Theokrit weitet sich an

---

[26] carm. 2, 3, 9ff. ∽ Theokr. 7, 7ff.
      carm. 1, 1, 21f. ∽ Anyte Anth. Pal. 9, 313f. Nikias ebd. 315.
[27] PASQUALI 554ff. Auch die Geschlossenheit des Bildes ist hellenistisch.
[28] PASQUALI 530f. allgemein: FRIEDLAENDER 473ff.
      P. GRIMAL, Les Jardins Romains, Paris 1943.
[29] PASQUALI 531ff.

e i n e r Stelle der Idylle der Blick wie durch ein plötzlich geöffnetes Fenster auf eine liebliche Landschaft, eine Quelle, ein weiches Wiesenpolster mit ein paar Bäumen voll bewegten Lebens, die kühlen Schatten spenden und die Hirten zum Verweilen und Singen einladen. An e i n e m, wenn auch zentralen Punkt der Handlung fügt sich dieses ausführliche Bild an, das mit aller Feinheit und Sorgfalt zu einem selbständigen Kunstgebilde ausgemalt wird.[30] Das sind Ansätze zu einer Verselbständigung der Landschaftsschilderungen, die in den Epigrammen bereits weitergeführt ist. Nur ist dort das Landschaftsbild durch die Fiktion einer Weihgabe oder einer Aufforderung an den müden Wanderer an einen äußeren Zweck oder eine Situation gebunden.[31] Damit ist etwa bei Anyte, Leonidas, Hermokreon und anderen der Mensch noch als Zentrum des Bildes gedacht. Eine selbständige Landschaftspoesie findet sich also auch da nicht. Horaz nun gibt höchst selten geschlossene Landschaftsbilder, die in sich selbst ihren Sinn erfüllen, sondern er ordnet sie immer einer geistigen Idee zu[32] und fügt sie eng in den Handlungsablauf eines Gedichtes ein. Selbst in der lebendigen, bildhaften Schilderung des *fons Bandusiae*, in der man einen Ansatz zur absoluten Landschaftslyrik nicht verkennen darf, findet sich keine zusammenhängende Beschreibung, sondern die landschaftlichen Züge, die gleichsam als Rahmen die Ode umschließen (V. 1 und 13—16), werden ganz in die Opfervorstellung (V. 2—8) und in die Betonung der landwirtschaftlichen Bedeutung des kühlen Wassers (V. 9—13) einbezogen.[33]

Noch weitgehender ist die Landschaft der Ode I 17 in den Handlungsablauf verflochten, wo sie nur in wenigen, für Horaz wesentlichen Strichen hier und dort vereinzelt angedeutet wird:

---

[30] Theokr. 7, 7ff. 22, 37ff. 7, 133ff.: in die Handlung verwoben (Ausnahme).

[31] Anth. Pal. 9, 313ff. 16, 11ff.; 227f.

[32] Bilder vom italischen Bauerntum vgl. o. S. 75 m. Anm. 14. Einladendes Plätzchen carm. 2, 3, 9ff.: Aufforderung zu *carpe diem* und *aequa mens*. Im Winterbild des Soracte (carm. 1, 9, 1ff.) und in den Frühlingsgedichten (carm. 1, 4, 1ff. 4, 7, 1ff. 4, 12, 1ff.) sind Naturbilder Ausgangspunkt für philosophisierende Betrachtungen.

[33] PASQUALI 557.

V. 1f. Faun kommt zum lieblichen Lucretilis
        amoenum ... Lucretilem / mutat Lycaeo

V. 5f. die Ziegen weiden die Erdbeerbäume ab
        inpune tutum per nemus arbutos / quaerunt latentis
                                              et thyma

V. 11f. die Flötenklänge des Faun erfüllen das Tal und wider-
        hallen am Ustica
        valles et Usticae cubantis / levia personuere saxa.

Der göttliche Segen der Fruchtbarkeit (V. 14ff.) und der wohltuende
Schatten (V. 22) wirken auf den Menschen. Horaz verzichtet also
auf ein geschlossenes Bild, wirft nur hier und dort verteilt über
das ganze Gedicht kleine Farbflecke hin, die mehr nur Stimmung
ausstrahlen und eine Atmosphäre von gefahrlosem, sonnigem Frieden schaffen, als wirklich eine Gegend zeichnen.

Doch ist auch bei zusammenhängenden Darstellungen einer ländlichen Szene bei Horaz ein bemerkenswerter Unterschied zu den
idyllischen, hellenistischen Bildern wahrzunehmen. Dies läßt sich
an einer direkten Gegenüberstellung einer horazischen und theokritischen Schilderung zeigen:

> iam pastor umbras cum grege languido
> rivomque fessus quaerit, et horridi
>   dumeta Silvani caretque
>   ripa vagis taciturna ventis
>
> Horaz carm. 3, 29, 21ff.

> δεῦρ' ὑπὸ τὰν πτελέαν ἑσδώμεθα τῶ τε Πριήπω
> καὶ τᾶν κρανίδων κατεναντίον, ἆπερ ὁ θῶκος,
> τῆνος ὁ ποιμενικὸς καὶ ταὶ δρύες.
>
> Theokrit 1, 21ff.

Die Situation ist sehr ähnlich: Hirten (*pastor,* ποιμενικός) suchen in
der Mittagshitze einen kühlen Ruheplatz auf; bei Theokrit sind
es Sängerhirten, die den städtischen Dichtern ähnlicher sind als
wahren Hirten, während Horaz die wirklichen, italischen Hirten
beobachtet. Dieser Gegensatz wirkt sich bestimmend auf die ganze
Schilderung aus: Bei Horaz sieht man die ermüdete und erhitzte

Herde, erlebt die Erquickung des kühlen Schattens und Wassers. Die landwirtschaftliche Bedeutung dieser Elemente tritt in den Vordergrund. Wir sehen keinen klar umrissenen Landschaftsausschnitt vor uns: *umbras ... rivom ... dumeta ... ripa* geben einen allgemeinen landschaftlichen Eindruck und deuten eine unbestimmte Weite an, die den Rahmen des idyllischen Kleinbildes sprengt. Wälder, italische Flüsse werden hier lebendig, die italische Realität ist in die Dichtung aufgenommen. Die Stimmung des heißen südlichen Mittags lastet in den Versen (*languidus; ripa vagis taciturna ventis*). All dies fehlt bei Theokrit ganz; er schildert eine in sich ruhende Idylle, in der weder eine landwirtschaftliche noch eine landschaftliche Empfindung spürbar ist. Man hat den Eindruck eines Parkes, der für den Stadtmenschen zum Genießen hergerichtet ist.[34] Tiere fehlen im Bild, es ist nur ans Singen gedacht. Die einzelnen landschaftlichen Züge — Ulme, Eichen, Quelle — sind einander genau zugeordnet (κατεναντίον), sodaß ein bestimmtes Bild entsteht, dem aber Stimmung und inneres Leben fehlen. In den beiden Göttern — Priap und Silvanus — kristallisiert sich der Gegensatz am ausgeprägtesten: In *horridi dumeta Silvani* wird der struppige, wilde Gott des Waldes sichtbar, der besonders von Hirten und Bauern verehrt wird. Priap hingegen ist der Gott der hellenistischen und römischen Gärten.

Der Gegensatz zwischen der Geschlossenheit und Anschaulichkeit des theokritischen Bildes und der Weite und Unbestimmtheit bei Horaz ist ein Hauptunterschied, der oft noch viel ausgeprägter in Erscheinung tritt. Denn das hellenistische Ideal ist eine bunte, reiche Malerei, die ein Bild bis ins Einzelne und Kleinste ausführt. Theokrit schwelgt in einer unglaublichen Vielfalt von Motiven und Einzelschattierungen, die ein liebliches Ruheplätzchen beleben: Ein leichter Lufthauch säuselt durch die Blätter der Bäume, Wasser rauscht vom Felsen oder aus einer Nymphengrotte, Vögel singen in den Zweigen, Bienen summen, reife Früchte liegen im weichen Gras (7, 135ff. vgl. 5, 45ff. 22, 36ff.). Es sind in allen hellenistischen Idyllen, bei Theokrit, Anyte, Leonidas und anderen dieselben

---

[34] PASQUALI 536f.: „Forse il ϑῶκος (Sitz, Ruheplatz) era un basso recinto semicircolare, entro cui si trovava l' erma del dio, una cosiddetta *schola* ... su di esso sedevano forse i pastori."

Motive, denen in vielfältiger Variation immer wieder neue Reize abgewonnen werden.[35] Die stilistische, künstlerische Gestaltung an sich steht bei den hellenistischen Dichtern meist im Vordergrund, weniger eine wirkliche, persönliche Beziehung zur Landschaft. Manche Schilderungen wirken deshalb durch ein Zuviel an buntem, kunstvoll gestaltetem Leben leblos, künstlich und kalt. Man spürt in den stilistisch höchst anspruchsvollen Gebilden die Schreibtischkunst und vermißt das persönliche, warme Empfinden. Horaz aber, dem eine echte, tiefe Beziehung zur Landschaft eigen ist, hat diese erstarrte, manirierte Kleinmalerei nicht mehr genügt; er mußte einen neuen Weg zu einer großzügigen, lebendigen Landschaftsschilderung suchen, die seinem eigenen Erleben entspricht. Jene vage, weitgreifende Ausdrucksweise, die wir in der Flußlandschaft der Ode III 29, 21ff. kennengelernt haben, ist diesem Bedürfnis entsprungen; denn in der knappen Unbestimmtheit der äußeren Erscheinungen findet er ungeahnte Möglichkeiten, seinen Schilderungen statt der äußeren bunten Vielfalt seelische Tiefe zu verleihen.[36] Deshalb bevorzugt Horaz Wörter mit einem weiten, nicht genau begrenzten Bedeutungsbereich. Ein einziges Wort wirkt oft wie das Anschlagen einer Saite, deren Klang die verschiedensten Empfindungen und Assoziationen wachruft. *Umbra* allein kann das Bild eines Baumes oder Waldes erwecken und die erfrischende Kühle, die Stille und Einsamkeit spüren lassen: *densa . . . Tiburis umbra tui* (carm. 1, 7, 20f.); *umbrosa ripa* (carm. 3, 1, 23f.). *Ripa* läßt eine grünende Uferlandschaft auftauchen, einen Bach, dessen Kühle in

---

[35] Stereotyp: bestimmte Bäume, Quell, Lufthauch: Anth. Pal. 9, 313; 315; 374. 16, 11; 227f.; 230. Theokr. 1, 1. 7, 8; 136. 22, 40f. Vgl. Friedlaender 462.

[36] Vergleichbar ist die Stellung Eichendorffs. In bewußtem Gegensatz zur traditionellen Kleinmalerei sucht er neue Ausdruckskraft in vagen, allgemeinen landschaftlichen Elementen. — Vgl. Ahnung und Gegenwart 3, 21 (Cotta 247ff.): Gegensatz zwischen dem weiten wilden Gebirgswald und der englischen Parklandschaft. Programmatische Äußerung ebd. 1, 5 (Cotta 54f.); Unterschied zwischen Holzstichen und Kupferstichen: „. . . Jene feinern, saubereren Kupferstiche mit ihren modernen Gesichtern und ihrer, bis zum kleinsten Strauche ausgeführten und festbegrenzten Umgebung verderben und beengen alle Einbildung, anstatt daß diese Holzstiche mit ihren verworrenen Strichen und unkenntlichen Gesichtern der Phantasie . . . einen frischen, unendlichen Spielraum eröffnen, ja sie gleichsam herausfordern."

der südlichen Hitze Mensch und Tier erquickt. Einen ähnlich weiten Bedeutungsbereich hat *uvidus:* Wasser, Kühle, die erfrischende Luft, die von ihm ausströmt, fruchtbare Vegetation — alles wird mit dem einen Wort heraufbeschworen: *udum Tibur* (carm. 3, 29, 6; realistischer in der Ode I 7, 13: *uda mobilibus pomaria rivis).* Auch in *amoenus,* dem Lieblingsattribut einer sanften und schönen Landschaft,[37] ist der Phantasie freies Spiel gewährt (*amoenum . . . Lucretilem* carm. 1, 17, 1; *Bais . . . amoenis* epist. 1, 1, 83): *hae latebrae dulces et, iam si credis, amoenae* (epist. 1, 16, 15). In dieser Gegenüberstellung des objektiveren *amoenus* zum subjektiven *dulcis* kommt das gefühlsmäßige Moment besonders schön zum Ausdruck. All diese vagen landschaftlichen Andeutungen zeichnen keine klar umrissenen Bilder, sondern rühren an Empfindung und Einbildungskraft. In der stimmungserfüllten Atmosphäre und in der unbestimmten Weite der großen Elemente findet Horaz ein neues, klassischem Geist entsprechendes Stilideal. Diese neugewonnene Schlichtheit der Landschaftsschilderung entspricht einerseits seinem völlig ichbezogenen Verhältnis zur Landschaft, anderseits sind ihm diese Formen in der ernsten, großzügigen römischen Landschaft vorgebildet.

Tibull ist in seinen Landschaftsschilderungen noch einen bedeutenden Schritt weitergegangen. Die Schlichtheit der Ausdrucksformen, die Empfindsamkeit und in glücklichen Träumen versinkende Ichbezogenheit versagen seinen Landschaften Relief und bildhafte Prägung völlig. Im bäuerlichen Landleben lassen sich für ihn Frömmigkeit und Einfachheit, Glück und Liebe verwirklichen wie einst im goldenen Zeitalter unter der Herrschaft des Saturnus (1, 1. 1, 2, 71ff. 1, 5, 21ff. 2, 3.). In dem einen Wort *rus* liegt das ganze Land seiner Sehnsucht beschlossen (2, 1, 37; 47. 1, 5, 21), sodaß nur höchst selten landschaftliche Züge vag und verschwommen aus dem traumhaften Halbdunkel ans Licht treten: *in umbrosa valle* (2, 3, 72.); *pubes discumbet in herba, / arboris antiquae qua levis umbra cadit* (2, 5, 95f.); *sed Canis aestivos ortus vitare sub umbra / arboris ad rivos praetereuntis aquae* (1, 1, 27f.). Diese Äußerungen stehen Horaz motivisch und formal sehr nahe und zeigen, daß der Schatten eines Baumes, die Kühle, ein Bach auch

[37] Pasquali 522. Marxer a. O. 102f. Friedlaender 478.

auf das Gemüt des Tibull nicht ohne Wirkung bleiben. Aber das
einzelne Landschaftselement als individuelle Erlebensform geht
meistens in der allgemeinen Stimmung des glücklichen Landlebens
auf.

Aus der bunten Vielfalt der hellenistischen Motive finden also
nur wenige Eingang in die horazische Dichtung: Bienen, Früchte,
Blätterrauschen fehlen; selten wird der Lufthauch oder der Vogelgesang erwähnt.[38] Selbst die Grotten, die in der hellenistischen und
römischen Gartenkunst und in der Dichtung eine große Rolle spielen,[39] hat Horaz fallen gelassen.[40] Zwei Elemente bestimmen vor
allem und fast durchwegs die Landschaften des Horaz, Wald und
Wasser, die erfrischenden und bevorzugten Kräfte Italiens und jedes
südlichen Landes. Sie machen für ihn das Wesen einer lieblichen
Landschaft aus, wie er in der bereits zitierten Epistel I 10 ausdrücklich sagt: *ego laudo ruris amoeni / rivos et musco circumlita saxa
nemusque* (V. 6f.). In ihnen kristallisiert sich das ganze Wesen des
horazischen Landschaftsempfindens.

Das Kollektivum *nemus* oder *silva* übt eine viel größere Anziehungskraft auf Horaz aus als die Einzelerscheinungen, die wir in
den hellenistischen Schilderungen so zahlreich dargestellt finden.
Selten gibt Horaz ein wirkliches Bild eines einzelnen Baumes in
seiner charakteristischen Gestalt; nie malt er Einzelheiten. Dem
Kleinen schenkt er keine Beachtung. Wir dürfen darin jedoch nicht
Unempfindlichkeit den Bäumen und dem Wald gegenüber sehen
wollen. Denn gerade darin spiegeln sich wiederum die Haupt-
wesenszüge der horazischen Beziehung zur Landschaft. Die Vorliebe
für das Schlichte, Allgemeine und die Ichbezogenheit finden ihre
Befriedigung nicht im Eingehen auf Kleinigkeiten und im klaren
Bild, sondern im stimmungsvollen Gesamteindruck.

hic innocentis pocula Lesbii / duces sub umbra   carm. 1, 17, 21f.
seu densa tenebit / Tiburis umbra tui   carm. 1, 7, 20f.

---

[38] Luft: carm. 3, 1, 24. 1, 4, 1. 4, 7, 9. Vogelgesang: carm. 4, 12, 5.
Diese ganzen Stellen wirken traditionsgebunden.
[39] Grotten gehören zur bukolischen Szenerie: Theokr. 7, 137. 3, 6; 13.
epigr. 3, 5. 5, 5. Verg. ecl. 5, 6f.; 19. 9, 40ff. 10, 52. Künstliche Grotten: Prop. 3, 2, 12.
[40] Ausnahme carm. 3, 25, 2, vgl. o. S. 54f. und u. S. 95f.

poscimur, si quid vacui sub umbra / lusimus tecum

carm. 1, 32, 1f.

tutum nemus   carm. 1, 17, 5

Der vage Ausdruck *umbra* entspricht dem Erlebnis des Horaz sehr. Schatten, Kühle, Ruhe, Einsamkeit sind die Eigenschaften des Waldes, die ihn berühren, und die er deshalb in seiner Dichtung in neuer Gestalt zum Ausdruck bringt.

Auch Vergil hat sich von der pedantischen Detailmalerei der hellenistischen Dichtung entfernt und die Möglichkeiten zu einer persönlichen, neuen Aussage gefunden. Bezeichnenderweise geht er im Gegensatz zu Horaz viel mehr auf die Eigentümlichkeiten des Waldes und einzelner Baumformen ein. Seine Baumschilderungen sind unvergleichlich lebendiger; mit ein paar Strichen charakterisiert er Leben und Wesen eines Baumes unübertrefflich:

die Dauerhaftigkeit uralter Eichen:
aesculus in primis, quae quantum vertice ad auras
aetherias tantum radice in Tartara tendit   georg. 2, 291f.

die schützende Geborgenheit unter einer Buche:
patulae ... sub tegmine fagi   ecl. 1, 1

die wetterfesten Wipfel alter Buchen:
veteres, iam fracta cacumina, fagos   ecl. 9, 9

das Spiel der Schatten:
sive sub incertas Zephyris motantibus umbras   ecl. 5, 5

Jedoch auch die Allgemeinheit eines ganzen Waldes hat ihn gefesselt, wie ein großartiges Stimmungsbild zeigt, in dem das von jagenden Wolken unterbrochene Mondlicht im Wald erlebt wird:

quale per incertam lunam sub luce maligna
est iter in silvis, ubi caelum condidit umbra
Iuppiter, et rebus nox abstulit atra colorem   Aen. 6, 270ff.

In der Schilderung der Orte der Seligen spielen Haine und Wälder eine hervorragende Rolle:

lucis habitamus opacis
riparumque toros et prata recentia rivis
incolimus   Aen. 6, 673ff.

Im Vergleich dazu wirken sogar die am ehesten bildhaften Darstellungen des Horaz wenig anschaulich:

> imminens villae tua pinus esto   carm. 3, 22, 5

> cur non sub alta vel platano vel hac / pinu iacentes
>   carm. 2, 11, 13f.

> tutum per nemus arbutos / quaerunt latentis   carm. 1, 17, 5f.

Der Wald als Kollektivbegriff, besonders der lichte Laubwald, hat auch bei Vergil eine größere Bedeutung als bei Theokrit; denn es liegt ihm die italische Realität zugrunde: Das Laub der niederen Bäume und Gebüsche diente als Nahrung für das Vieh, wurde abgeweidet (Hor. carm. 1, 17, 5) oder vom *frondator* abgestrupft und gesammelt (Verg. ecl. 1, 56. georg. 2, 435). Die *silvae* sind der eigentliche Lebensbereich der Hirten in den Bucolica des Vergil (nicht bei Theokrit!) und werden sogar zum Symbol für Hirtenleben und Hirtendichtung (ecl. 4, 3. 6, 2).[41] Der dichte, finstere Wald jedoch, der voll unheimlicher, numinöser Kräfte ist (Aen. 6, 136ff.; 186ff.), wird gemieden.

Auch das andere Element, das Wasser, erhält bei Horaz eine neue, tiefere Bedeutung. An dem Plätzchen, wo der Dichter ruht und das Landleben genießt, sprudelt immer ein kühler Quell:

> quid obliquo laborat / lympha fugax trepidare rivo?
>   carm. 2, 3, 11f.

> quis puer ocius / restinguet ardentis Falerni / pocula praetereunte lympha?   carm. 2, 11, 18ff.

Das poetische Wort *lympha* ist beliebt bei den mehr idyllischen Schilderungen. Die Stimmung erinnert an die hellenistischen Bilder eines Plätzchens, das den Wanderer zum Ruhen und Genießen einlädt. Aber bei Horaz ist das Wasser dabei viel weniger dekoratives Element,[42] sondern es wird stärker persönlich und lebendig empfunden, da ein eigenes wirkliches Wassererlebnis zugrunde liegt. Denn immer wieder spricht er von der erfrischenden Kühle des Wassers, die ihn auf dem Lande erquickt und die Sommerhitze mildert:

---

[41] Vgl. o. S. 41ff.   [42] Einseitig PASQUALI 528.

me quotiens reficit gelidus Digentia rivus   epist. 1, 18, 104

fons etiam rivo dare nomen idoneus, ut nec
frigidior Thraecam nec purior ambiat Hebrus,
infirmo capiti fluit utilis, utilis alvo   epist. 1, 16, 12ff.

Aus vielen Stellen spricht der römische Sinn für die landwirtschaftliche Bedeutung des Wassers (carm. 3, 1, 30. carm. saec. 31:
Regen und Bach; carm. 3, 30, 11: Wasserarmut). Die frische, immer-
fließende Quelle seines Sabinums spielt eine große Rolle (sat. 2, 6, 2:
fons. carm. 3, 16, 29: *rivus.* epist. 1, 16, 12ff.: *fons, rivus*). Sie erquickt die müden Zugtiere und schützt sie vor der unerträglichen
Hitze der Hundstage (carm. 3, 13, 10ff.). Auch die Bauern und
Hirten stellt sich Horaz immer am Wasser vor (epod. 2, 25ff. carm.
3, 1, 21ff.). Wenn auch viele Formulierungen bei Horaz deutlich
den Stempel des genießenden Städters tragen, so ist ihm doch die
landwirtschaftliche Bedeutung stark bewußt, die das Wasser für
jedes südliche Land hat als das eigentlich belebende Element, ohne
das nichts gedeihen kann. Dieses Bewußtsein trennt ihn deutlich von
Theokrit und den hellenistischen idyllischen Schilderungen. Dort
gehören die Quellen unbedingt zu den Bestandteilen eines schönen,
einladenden Plätzchens. Sie erfrischen den ruhenden Wanderer und
spenden ihm einen kühlen Trunk.[43] In diesem engen Bedeutungs-
kreis fehlt aber die Einbeziehung sowohl in landwirtschaftliche als
auch in weitere landschaftliche Zusammenhänge. Bei Horaz hingegen sind es bezeichnenderweise nicht nur die Quellen, die eine
große Bedeutung haben, sondern ebenso die Flüsse und Bäche.
Während die Hirten des Theokrit nur an den Quellen (κρᾶναι,
παγαί, ὕδωρ) sitzen, ruhen Horaz selbst und seine Bauern und
Hirten öfters an Flüssen: *iam pastor umbras cum grege languido /
rivomque fessus quaerit* (carm. 3, 29, 21f. vgl. 3, 1, 21. epist. 1,
14, 35. 1, 16, 12. 1, 18, 104). Dadurch werden die Landschaftsschilderungen des Horaz mit realer italischer Vorstellung und italischem
Leben erfüllt.

Auch Vergil löst sich bereits in den Bucolica von der hellenistisch-
städtischen Quellenpoesie und nimmt eigene, italische Bedeutung

---

[43] Anyte: Anth. Pal. 9, 313. 16, 228. Nikias: 9, 315.
Leonidas: 16, 230. 9, 326. Theokr. 1, 22. 5, 33. 6, 3 usw.

des Wassers in sein Arkadien auf. Bei den idyllischen Plätzchen, wo die Hirten singen, fehlen die Quellen meistens (3, 55ff. 7, 10ff. *ripa!* 5, 3ff. 9, 59ff.), da sie dort nur dekorativen Zweck hätten. Vergil spricht nämlich nur da vom Wasser, wo diesem eine tiefere Beziehung zu Hirten, Herden oder Landschaft gegeben werden soll (5, 40∞9, 19f. 1, 39; 51f.). Neben den *fontes* spielen auch die Flüsse bei Vergil eine große Rolle; Flüsse und Quellen stehen gleichbedeutend nebeneinander in der Ecloge 1, 51f.

> hic inter flumina nota /
> et fontis sacros frigus captabis opacum.

Damit ist wohl an den Mincius gedacht, der in der Ecloge 7, 12f. genannt und deutlicher geschildert ist. Diese Stellen zeigen, daß die Vorstellung vom Wasser zu einem großen Teil von der italischen Realität geprägt ist. Noch stärker ist das italische Element in den Georgica, wo sich Vergil italischem Bauerntum und italischer Landschaft zuwendet (2, 485f. 3, 143ff.).

Eine besondere Vorliebe ist bei Horaz und Vergil auch für die Uferlandschaft zu spüren. In immer neuen Wendungen wird eine schöne Landschaft beschrieben, die vom Wasser bespült wird:

> rura, quae Liris quieta / mordet aqua taciturnus amnis
> > carm. 1, 31, 7f.

> villa ... flavos quam Tiberis lavit   carm. 2, 3, 18

> quae Tibur aquae fertile praefluunt   carm. 4, 3, 10

> ... propter aquam, tardis ingens ubi flexibus errat
> Mincius et tenera praetexit harundine ripas   georg. 3, 14f.
> (vgl. ecl. 7, 12f.)

und in höchster Vollendung in der Schilderung der Fahrt zu Euander auf dem Tiber (Aen. 8, 90ff.).

Bei Horaz ist nicht nur die Bedeutung des Wassers vertieft, sondern auch das Erlebnis des Elementes völlig neuartig zum Ausdruck gebracht. Einige Stellen lassen seine enge persönliche Verbundenheit mit dem Wasser verspüren. In unvergleichlicher Weise hat er die hüpfende, spielerische Leichtigkeit des sprudelnden Quellwassers der Bandusia dargestellt in seiner berühmten Ode III 13. Obschon wir auch hier keine eigentliche Beschreibung suchen dürfen, sondern die Schilderung des Quells in die Opfervorstellung eingeflochten ist, fangen doch Bewegung, Rhythmus, Klang und Bild das ausgelassene, sprudelnde Leben unübertreffbar ein:

> (me dicente) cavis impositam ilicem
> saxis, unde loquaces
> lymphae desiliunt tuae   (V. 14ff.)

Die l- und i-Laute rauschen in rhythmischer Bewegung noch nach, wenn die Worte längst verklungen sind. Die heitere Stimmung wird im ersten Teil bereits in der Schilderung des übermütigen Böckleins vorbereitet. Diese Lebensfülle ist bei keinem hellenistischen Vorbild zu finden.[44] Ähnlich in Klang und hüpfender Bewegung ist die früheste Wasserdarstellung des Horaz (epod. 16, 48) *levis crepante lympha desilit pede,* die in mannigfaltigen Variationen wiederkehrt (epod. 2, 25. carm. 3, 13, 16).

Bewegung und Rauschen[45] des Wassers haben neben der erfrischenden Kühle hauptsächlich auf Horaz gewirkt, weniger das optische Bild. In der Epistel I 10 ist in einem einzigen Vers eine herrliche Schilderung des rieselnden Baches zu finden:

> purior in vicis aqua tendit rumpere plumbum
> quam quae per pronum trepidat cum murmure rivum?   (V. 20f.)

Während im vorangehenden Vers (19) das Bild des Grases durch den Vergleich mit dem Mosaikboden in künstliche Bereiche übergeführt wird, wirkt das Bächlein, das ganz aus sich heraus geschildert wird, wunderbar lebendig. *Trepidare* charakterisiert das zarte Rieseln. In der Lautmalerei der Konsonanten (qu-qu-p-p-t-p-t-m-r-m-r) und dem melodischen Wechsel von hellen und dunkeln Vokalen wird auch hier neben der ausdrücklichen Erwähnung des Murmelns das akustische Erlebnis aufgefangen. Horaz geht aber nicht auf niedliche Einzelheiten ein (wie Theokrit 22, 38f.), sondern erfaßt die elementare Macht mit einer Lebendigkeit, die in seinen Landschaftsschilderungen einzig dasteht. Dieses Einfühlungs- und

---

[44] Pasquali 554ff. betont ausschließlich die traditionellen Züge dieses Bildes.
[45] Rauschen durch Lautmalerei und ausdrückliche Erwähnung dargestellt: carm. 3, 13, 15f. 4, 9, 2. epist. 1, 10, 21.

Darstellungsvermögen des Horaz wird weder von Vergil noch von den hellenistischen Dichtern erreicht. Vergil läßt zwar wilde Sturz-bäche gewaltig donnern in seinen Versen, aber das sanfte Wasser schildert er nur mit ganz allgemeinen Attributen,[46] und er erreicht keine so faszinierende Wirkung wie Horaz.

Die beschränkte Auswahl der Landschaftselemente, die bei Horaz verwendet werden, und ihre vage, wenig ausgeprägte Form bringen mit sich, daß alle Landschaften einander ähnlich sind. Wald oder Hain, Wasser und blühende Vegetation kehren überall wieder und erfreuen ihn durch Lieblichkeit, Kühle und Stille. Das Sabinum (carm. 1, 17. 3, 13. epist. 1, 16, 5ff. 1, 18, 104f.), Tibur (carm. 1, 7, 12ff. 4, 2, 30f.), die Ruheplätzchen (carm. 1, 1, 21f. 2, 3, 9ff. epist. 1, 14, 35) und die Bauernidyllen (epod. 2, 25ff. 16, 47f. carm. 3, 1, 21ff. 3, 29, 21ff.) sind dadurch charakterisiert. Oft hat man das Gefühl, eher einer Idealvorstellung von italischer Land-schaft zu begegnen als einem bestimmten Ort, da jede individuelle Beschreibung fehlt. Und wenn es überhaupt zu einer individuellen Charakterisierung kommt, wie z. B. in der Ode I 7 von Tibur, wird nichts Zufälliges oder Einmaliges festgehalten, sondern dauernde, weder an einen bestimmten Standort noch an einen be-stimmten Zeitpunkt gebundene Eigenschaften. Auch auf Farb- und Lichtwirkungen, momentane Stimmungen, ja überhaupt auf die Atmosphäre, welche die Gegenstände verbindend umschließt, ver-zichtet Horaz in Übereinstimmung mit aller antiken Landschafts-schilderung völlig.[47] Denn er will nicht einen bestimmten, unwieder-holbaren Eindruck festhalten und die einzelnen Objekte nicht so wiedergeben, wie er sie sieht, sondern wie sie in Wirklichkeit, los-gelöst von allen Zufällen, sind; er sucht nicht die wechselnde Er-scheinung, sondern das Bleibende, die Idee. Auf diese Weise kommt die typisierende, nach einer Idee ausgerichtete Denkweise des Horaz auch in seinen Landschaftsschilderungen zum Ausdruck.

---

[46] georg. 1, 106ff. 3, 554f. hingegen: *fontis sacros* ecl. 1, 52; *muscosi fontes* ecl. 7, 45; *gelidi fontes* ecl. 10, 42; *inducite fontibus umbras* ecl. 5, 40.

[47] FRIEDLAENDER 483ff.

2. *Die Dichterlandschaft*

a) Äußere Gestalt

Jedesmal wenn Horaz vom schöpferischen Akt spricht, verlegt er das Erlebnis der göttlichen Ergriffenheit oder des Schaffens in eine Ideallandschaft, die neben den idealisierenden griechischen Elementen auffallend reale, landschaftliche Züge trägt. Hat Horaz in idealisierender Absicht auch die Landschaftsschilderung wie viele andere Motive aus der griechischen Dichtung übernommen? Oder sind italische Landschaftsvorstellungen in das Bild der höheren, immer als Landschaft konzipierten Welt eingegangen? Aus einer Gegenüberstellung der realen und idealen Landschaften des Horaz wird uns eine Lösung dieser Fragen gelingen, die allerdings durch die Eigenart der horazischen Landschaftsschilderung, welche mehr auf das Allgemeine, Typische als auf die einmalige Einzelerscheinung eingeht,[48] wesentlich erschwert wird. Denn gerade dieses Merkmal muß in einer Ideallandschaft noch verstärkt zum Ausdruck kommen.

in umbrosis Heliconis oris   carm. 1, 12, 5

gelidum nemus   carm. 1, 1, 30

audire et videor pios / errare per lucos, amoenae / quos et aquae subeunt et aurae   carm. 3, 4, 6ff.

quae nemora aut quos agor in specus / ... ? quibus antris ... audiar ... ?   carm. 3, 25, 2ff.

... mihi devio / ripas et vacuum nemus / mirari libet
carm. 3, 25, 12ff.

Bacchum in remotis ... rupibus / vidi   carm. 2, 19, 1f.

Bereits beim oberflächlichen Überschauen dieser Stellen springt die große Nähe zu den italisch gefärbten Landschaftsbildern, die wir im vorhergehenden Abschnitt betrachtet haben, in die Augen. Auch hier sind es die beiden bevorzugten Elemente W a l d und W a s s e r, welche die Vorstellung beherrschen: Das bewaldete, schattige Musental des Helikon, der kühle, von Wassern und Luft-

---

[48] Vgl. o. S. 90.

hauch erfrischte Hain, das beschattete Flußufer geben der horazischen Dichterlandschaft ihr äußeres Gepräge.[49] Die enge Verwandtschaft mit den realen Landschaftsbildern erschöpft sich jedoch nicht in der Verwendung derselben landschaftlichen Elemente, die schließlich für den Süden allgemein als die erquickenden und belebenden Kräfte von größter Bedeutung sind und auch in der hellenistischen Dichtung eine Rolle spielen. Im dichterischen Ausdruck der Gesamtstimmung und den einzelnen Erscheinungen können wir ebenfalls eine tiefgreifende Ähnlichkeit feststellen.

Mit Ausnahme einzelner Teile der Bacchuslandschaft (carm. 2, 19 und 3, 25, 2), die wir später behandeln wollen, stehen wir auch hier unter dem Eindruck der *amoenitas*:[50] Wald und Wasser, welche das antike Bild einer lieblichen Landschaft immer grundlegend bestimmen, sind von den Attributen *umbrosus, gelidus, amoenus* begleitet. Diese umfassen die drei wichtigsten Gefühlsmomente, welche Horaz im *amoenum rus* sucht, und verleihen dieser Dichterwelt eine erquickende, sanfte, beruhigende S t i m m u n g,[51] die allen horazischen Landschaften eigen ist, dem properzischen *nemus* hingegen vollkommen fehlt. Wesentlichen Anteil an der stimmungsvollen Atmosphäre hat der v a g e B e d e u t u n g s k r e i s der Wörter,[52] die an Vorstellungen und Empfindungen rühren, ohne selbst konkrete, bestimmt umrissene Bilder hinzustellen. Bei den *amoenae aquae* überläßt Horaz es dem Leser, sich Quellen oder Bäche auszumalen; *gelidum (nemus)* ruft mannigfache Vorstellungen und Empfindungen von Schatten, Wasser, belebenden Lüften usw. wach, ohne die Phantasie in eine bestimmte Bahn zu lenken. Auch *nemus, lucus* oder gar *umbrosae orae* geben nur allgemeinste Hinweise und lassen der Einbildungskraft freies Spiel; nirgends sind bestimmte Bäume genannt, die bei Horaz im Anschluß an die hellenistischen Bilder sonst öfters vorkommen;[53] denn hier würden sie zu real und erdverbunden wirken: Die gesteigerte Unbestimmtheit der Ausdrucksweise bringt in die landschaftliche Charakterisierung der Dichterwelt einen Hauch der entrückten Ferne. Auch

---

[49] Vgl. o. S. 84ff.   [50] Vgl. o. S. 75f.

[51] Vgl. o. S. 80f.   [52] Vgl. o. S. 82f.

[53] carm. 2, 3, 9; italische Bäume: epod. 2, 23. carm. 1, 1, 21. 3, 13, 14. 3, 22, 5.

das Landschaftliche wird nämlich in den Bannkreis der musischen Sphäre einbezogen, indem es von idealisierendem Glanz umstrahlt und zu höherer Bedeutung erhoben wird: Die E i n s a m k e i t ist das hauptsächlichste Merkmal dieser Landschaft und weist ins Außergewöhnliche (carm. 3, 25, 12f. *devio, vacuum;* 2, 19, 1 *in remotis rupibus.* 1, 1, 30ff.). Die vordergründig reale Einsamkeit der horazischen Dichterlandschaft schließt die Idee der menschenfernen, götternahen Zwischenwelt in sich *(dis miscent superis ... secernunt populo* carm. 1, 1, 30ff.), die der Dichter, der Prophet der Musen, allein als Beweis göttlicher Gnade, jedoch nicht ohne Gefahr betreten darf.[54] Nicht nur in der symbolhaften Konzeption der Einsamkeit, sondern auch in Einzelmotiven dieser Dichterlandschaft öffnet sich unauffällig eine Tür zur göttlichen, idealen Welt: Die grauenerregenden Höhlen der wilden Landschaft werden zu Dichtergrotten, die weite Wildnis des Waldes erscheint in verklärtem Licht als lieblicher, wenn auch einsamer Hain (carm. 3, 25, 2 u. 13). Auch bei den Wassern, die Bild und Stimmung der Dichterlandschaft entscheidend bestimmen, sind reale und ideale Vorstellung eng miteinander verbunden. Wasser, d a s Leben und Fruchtbarkeit spendende Element der italischen Landschaft, fehlt kaum jemals bei den Landschaftsschilderungen des Horaz. Wie seine italischen Landschaftsbilder oder das liebliche Ruheplätzchen immer von einer rauschenden Quelle oder einem Bach belebt sind, so erfrischen auch die Dichterlandschaft kühle Wasser: *aquae* durchziehen den Hain (carm. 3, 4, 7f.); in *gelidum,* dem Attribut des Haines in der Ode I 1, 30, schwingt leise die erquickende Kühle des Wassers mit, und in der Bacchusode haftet der Blick des staunenden Dichters am schattigen Flußufer *(ripas* carm. 3, 25, 13). Überall wird tiefes landschaftliches Empfinden deutlich, das nicht aus literarischen Vorbildern, sondern aus eigenem Erlebnis geschöpft ist. Vor allem die Flußlandschaft der Bacchusode, *ripas et vacuum nemus,* steht den italischen Bildern des Horaz sehr nahe.[55] Und doch erinnert vor allem die vage Formulierung *aquae* in der Ode III 4 an weitere Zusammenhänge.

---

[54] carm. 3, 25 vgl. o. S. 53f.
[55] *umbrosa ripa* carm. 3, 1, 23; *umbra, rivus, ripa* carm. 3, 29, 21ff. vgl. o. S. 84ff., 88.

Die hellenistischen Dichter schöpfen aus der Musenquelle ihre Inspiration. Großen Einfluß auf die Verbreitung dieser Vorstellung übte wohl die Umgestaltung des hesiodischen Helikonerlebnisses aus, die wahrscheinlich auf Kallimachos zurückgeht:[56] Anstelle von Lorbeerstab und göttlichem Hauch (Hes. theog. 30ff.) empfängt Hesiod nach hellenistischer Version einen inspirierenden Trunk aus der Musenquelle Hippukrene, die er selbst ohne direkte Beziehung zum Weiheakt erwähnt (theog. 6). Auch bei den römischen Dichtern erfreut sich das Motiv des begeisternden Trunkes aus der Musenquelle großer Beliebtheit, wie uns zahlreiche Belege seit frühester Zeit bezeugen.[57] Horaz zwar verwendet es nur einmal, und zwar für das pindarisierende Dichten des jungen Titius (epist. 1, 3, 10f.) und spricht im Zusammenhang mit seinem eigenen Dichtertum an zwei Stellen von Musenquellen in allgemeiner Bedeutung (carm. 1, 26, 6. 3, 4, 25); niemals aber schöpft er selbst aus der Quelle dichterische Inspiration. Das Wasser seines Dichterhaines hat rein landschaftliche Bedeutung. Durch die Verwendung des unbestimmten Ausdruckes *aquae* aber, der oft auch für die Musenquellen gebraucht wird,[58] sucht Horaz einen Anklang an das traditionelle Motiv, um die Andersartigkeit seiner Dichterlandschaft bewußt zu machen.

Der Begriff *nemus* schließlich, der wie ein Gefäß den ganzen vielfältigen Vorstellungs- und Bedeutungsgehalt in sich schließt, ist selbst symbolhafter Träger idealer Kräfte: Durch seine Herkunft aus der hesiodischen Helikontradition, die den Römern noch sehr bewußt ist,[59] hat er teil an der geistigen Musenwelt, seine äußere Gestalt ist jedoch von der realen italischen Landschaft geprägt. Wie bei den Schilderungen des italischen Waldes[60] fehlt auch hier jede

---

[56] Kall. ait. IV frg. 112, 5f. und Schol. Flor. zu Kall. ait. I frg. 2, 16f. — Polemik gegen Wassertrinker: Anth. Pal. 9, 406. 11, 20; 31. Es ist nicht ganz sicher, ob Kallimachos für sich selbst das Motiv verwendet hat oder nur für Hesiod; zweifelnd Pfeiffer Komm. zum Schol. Flor. zu Kall. ait. I frg. 2 (S. 11); bejahend Wilamowitz II 92ff. Reitzenstein 54ff. Kroll 28ff. Kambylis a. O. Für Bion und Homer: Epitaphios auf Bion 76f. Für Hesiod: Anth. Pal. 9, 64. 11, 24. 7, 55.

[57] Lucil. 1008 (M). Lucr. 1, 927f. Verg. georg. 3, 293 (Castalia). Prop. 3, 3, 1ff.; 51f. 3, 1, 6. 4, 6, 4. Ov. Pont. 4, 2, 47. Pers. prol. 1. Mart. 12, 11, 2.

[58] Thes. l. L. II 353, 13ff.

[59] Vgl. o. S. 41.   [60] Vgl. o. S. 84f.

ins Einzelne gehende Differenzierung. Auch hier sind Gefühl und Stimmung die wesentlichen Momente; leichte Lüfte verbreiten eine ruhige, erfrischende Atmosphäre.[61] In den recht verschiedenartigen Bildern des *nemus* wird aus der warmen, lebendigen Gestaltung deutlich, daß das Motiv des inspirierenden Haines Horaz in hohem Maße entgegenkommt und ihm größere Möglichkeiten bietet als die Helikontradition, um eigenes Erlebnis und eigenes Landschaftsempfinden im Dichtersymbol zum Ausdruck zu bringen. Denn religiöse und landschaftliche Ergriffenheit kommen über den Dichter im Hain. Im Musenhain der Ode III 4 sind göttliche Macht und landschaftliche Vorstellung zu einer vollkommenen Einheit geworden. Im *gelidum nemus* der Ode I 1 freilich ist die landschaftliche Realität nur vage angetönt und tritt zugunsten des idealen, mythisch-symbolischen Gehaltes zurück. In der lieblichen Flußlandschaft der Bacchusode hingegen (carm. 3, 25, 13) wird italische Landschaft lebendig.

Mit dieser Feststellung wenden wir uns gegen die Ansicht Pasqualis, der in der Landschaft der Ode III 25 ausschließlich traditionelle, dionysische Züge sieht.[62] Wenn er zum Beweis dafür auf die Nähe zu den Bakchen des Euripides hinweist, so fällt doch gerade das Fehlen des hauptsächlichsten dionysischen Landschaftselementes bei Horaz auf: Von den Bergen ist nur im Vergleich mit der Mänade (V. 8ff.) die Rede, dessen wilde Landschaft zur horazischen (V. 13) in großem Gegensatz steht.[63] Weder die italisch anmutende Flußlandschaft (V. 13) noch die weiten Wälder und Höhlen (V. 2) geben uns einen Anhaltspunkt, von einer „poesia d'alta montagna" zu sprechen;[64] denn wenn auch *nemora* und *specus* eine wilde, unheimliche Landschaft zeichnen, die zum lieblichen Uferbild in einem großen Gegensatz steht und bacchisch genannt werden kann, so sind

---

[61] carm. 3, 1, 24. 3, 29, 24. vgl. o. S. 83ff.

[62] 15, 549f.: „Orazio mostra in questo carme quello stesso senso della montagna, che unicamente e di rado si riscontra nella letteratura greca classica. L' orgia dionisiaca ha rivelato agli Ateniesi dell' età classica la montagna alta."

[63] So KH z. St. Traditionelle Bacchuslandschaft bei Horaz im Anfang der Ode II 19 *in remotis rupibus*. Landschaft in den Bakchen: Berge, Felsen 135; 165; 677ff.; 1137f. Waldtal 1048ff.; 1084ff.; 1093f.

[64] Pasquali 549.

es doch durchaus italische Elemente. Denn tiefe Wälder gibt es nicht nur in der traditionellen dionysischen Bergwelt, sondern auch in den Sabinerbergen, die in der Antike im Gegensatz zu heute dicht bewaldet waren;[65] und auch die Höhlen erwecken nicht nur die dionysiche Vorstellung,[66] sondern erinnern ebensosehr an die zahlreichen Höhlen und Schlünde des sabinischen Kalkgebirges. Die Landschaft der Bacchusode nimmt in der horazischen Dichtung insofern eine gewisse Sonderstellung ein, als Horaz sonst keinen Anlaß hat, von der wilden, für ihn schrecklichen Natur zu sprechen. Denn in Wirklichkeit, ohne die visionäre Entrückung durch einen Gott, begibt er sich nicht in eine solch einsame Wildnis, sondern bleibt wie alle Römer innerhalb des gepflegten, lieblichen Bezirkes. Bei den Andeutungen *nemora, specus* können und dürfen wir also zwischen Dionysischem und Italischem nicht trennen: Die wilde italische Landschaft ist für Horaz zur Bacchuswelt geworden. Die Einheit der realen und göttlichen Sphäre hat hier eine tiefe Bedeutung, wie sich im folgenden Abschnitt zeigen wird. Indem die Landschaft mit der allmählichen Beruhigung der Erschütterung ihre Wildheit verliert und die Gestalt einer lieblichen, schattigen Uferlandschaft annimmt, wird vollends deutlich, daß Horaz die italische Wirklichkeit im Sinne hat, in der sich aber zugleich göttliche Kräfte manifestieren. Es ist jedoch zu weit gegangen, wenn man diese zweigesichtige Dichterlandschaft mit Tibur gleichsetzt, wie Heinze es für möglich hält;[67] es ist vielmehr bedeutsam, daß Horaz ihr keinen konkreten Namen gibt. Er will und kann sie nicht benennen; denn sie ist ein idealer, göttlicher Bereich, der zwischen zwei Welten liegt.

---

[65] Hor carm. 1, 22, 9. sat. 2, 6, 91f. (im Mund der Stadtmaus Anspielung auf Horaz selbst).
NISSEN I 429ff., bes. 434: Strab. 5, 228.

[66] PASQUALI 15 Anm. 1.

[67] Zu carm. 3, 25, 1ff.: „Bei Horaz deutet nichts darauf hin, daß wir es, statt mit einer ganz realen Wald- und Berglandschaft, etwa in der Gegend Tiburs, mit einer Vorspiegelung der erregten Phantasie zu tun hätten." Es ist aber unstatthaft, die Bedeutung, welche Tibur im 4. Odenbuch einnimmt (carm. 4, 2, 30ff. 4, 3, 10ff.), in die frühere Odensammlung zu übertragen, wie HEINZE es tut, bes. im Komm. zu carm. 3, 4, 21ff. Vgl. u. S. 159ff.

b) Die Bedeutung der Landschaft

Die Ode III 25, die ganz der Schilderung des Inspirationserlebnisses gewidmet ist, läßt uns nicht nur die äußere Erscheinung der horazischen Dichterlandschaft in ihren wesentlichen Grundzügen erkennen, sondern wirft auch auf die innere Beziehung des Dichters zu ihr ein wertvolles Licht. Nur hier tritt sein Handeln aus der Unbestimmtheit heraus. In den zentralen Versen der Ode (12ff.), denen durch das spannungserfüllte Bild der staunenden Mänade erhöhte Wirkungskraft verliehen wird, schildert Horaz sein eigenes Erlebnis: *mihi devio ripas et vacuum nemus mirari libet.* Wenn auch *mirari libet* im Vergleich zum *stupere* der Mänade wesentlich ruhiger und gefaßter wirkt, so wird doch im Verbum *mirari* eine starke innere Bewegung zum Ausdruck gebracht, die zwischen Mensch und Umwelt hin und her schwingt. Das Ergriffensein des Menschen von Eindrücken der Außenwelt und seine staunende Bewunderung diesen Erscheinungen gegenüber, beides wird bei *mirari* mitgehört, wie der prägnante Kernsatz stoischer Lebenshaltung *nil admirari* deutlich zeigt (epist. 1, 6, 1).[68] Im Zentrum des Bacchuserlebnisses stehen also die Erschütterung, welche die Landschaft im Dichter auslöst, und sein hingegebenes Bewundern derselben.[69] Das futurisch ausgedrückte Singen, das diese Schau umrahmt, bringt unmißverständlich zum Ausdruck, welch hohe Bedeutung ihr im Schaffensakt des Dichters Horaz zukommt: Diese Landschaft, die wesentlich italische Züge trägt, inspiriert ihn zum Dichten.

Mit dieser Feststellung gehen wir allerdings einen bedeutenden Schritt über das von Horaz ausdrücklich Gesagte hinaus. Denn überall ist für ihn die Ergriffenheit durch die Gottheit die Ursache dichterischen Schaffens: Die dargestellte italische Landschaft ist Träger göttlicher Kräfte und auch das Bestaunen steht in enger Beziehung zum Bacchuserlebnis. Die bacchische Ekstase erst ermöglicht die wunderbare Schau, die zum Singen führt. An anderer Stelle sind es die Musen, die in der Landschaft dem Dichter Inspiration verleihen. In einem wunderbar symbolischen Bild sind im Musenhain der Ode I 1 die beiden inspirierenden Kräfte, Landschaft und Musenkunst, in den göttlichen Gestalten der Nymphen

---

[68] KH z. St.   [69] Vgl. o. S. 50ff.

und Musen zum Ausdruck gebracht. Es ist ein wesentlicher Zug des
horazischen Denkens, alle irrationalen Vorgänge als Wirkung göttlicher Kräfte zu verstehen. Doch darin ist er den Denk- und Ausdrucksformen seiner Zeit verpflichtet. Ihm als einem Dichter des
ersten Jahrhunderts v. Chr. ist es noch nicht möglich, die Begeisterung, die er in der sabinischen Landschaft erfährt, allein ihrer
realen, äußeren Erscheinung zuzuschreiben, sondern für ihn ist es
die Gottheit, die im Zentrum steht. Erst in zweiter Linie erscheint
die Landschaft beteiligt. Doch wir können, wenn wir den Blick
hinter die gedankliche und sprachliche Form der horazischen Aussage wagen und diese gewissermaßen säkularisieren und des dichterischen Bildes entblößen, feststellen, daß die Landschaft, und zwar
die reale, italische, selbst die inspirierende Kraft ist, die das Dichter-
erlebnis letztlich auslöst.[70]

Die wichtige Rolle, die der Landschaft beim dichterischen Schaffen zugemessen wird, ist aus der tiefen, persönlichen Verbundenheit
des Horaz mit der italischen Landschaft erwachsen, die uns in seinen
stimmungsvollen und lebendigen Schilderungen entgegentritt. Nicht
einer Unempfindsamkeit, sondern dem Charakter der Gedanken-
lyrik ist es zuzuschreiben, daß Horaz seine Gefühle und Erlebnisse
in der Landschaft selten dichterisch gestaltet. Außer der Bacchusode III 25 findet sich nur eine einzige Äußerung, die, ohne auf das
Dichten speziell Bezug zu nehmen, Tiefe und Gewalt eines landschaftlichen Eindruckes spüren läßt: Die liebliche Landschaft von
Tibur, die fruchtbaren Obstgärten, sanften Wasser *(rivi)* und der
Hain des Tiburnus, hinter denen das wilde Naturschauspiel des
Wassersturzes völlig zurücktritt, versetzen den jungen Horaz in
gewaltige Erschütterung:[71]

---

[70] Plinius spricht von der Inspiration unmittelbar durch die Landschaft
ohne religiöse Vorstellung: *o mare, o litus, verum secretumque* μου-
σεῖον, *quam multa invenitis, quam multa dictatis!* (epist. 1, 9, 6); doch
nicht die Schönheit einer Landschaft übt auf ihn diese Wirkung aus,
sondern Stille und Einsamkeit, wie aus der Epistel I 6, 2 deutlich
hervorgeht: *iam undique silvae et solitudo ipsumque illud silentium ...
magna cogitationis incitamenta sunt.*

[71] Zur Datierung KH Einleitung, vgl. u. S. 137 m. Anm. 21.

> (me) nec tam Larisae p e r c u s s i t campus opimae
> quam domus Albuneae resonantis
> et praeceps Anio ac Tiburni lucus et uda
> mobilibus pomaria rivis   carm. 1, 7, 11ff.

Wenn er auch später kaum mehr den starken Ausdruck *percutere* gebraucht hätte, der sich mit seinem Ideal des Maßes nicht recht verträgt, so zeigt er uns doch, wie tief ein Landschaftseindruck ihn ergreifen konnte. Ähnliche Erlebnisse, deren Wucht ihn göttliche Einwirkung empfinden ließen, mögen ihn auch zum dichterischen Schaffen begeistert haben.

3. Kapitel

MUSISCHER LEBENSBEREICH

Die Verbundenheit des Dichters mit den Musen bleibt bei Horaz nicht eine abstrakte, poetische Idee, sondern gewinnt vor allem für das alltägliche Leben des Dichters entscheidende Bedeutung. Es ist bezeichnend für sein reales Denken, daß ihm ein ideales Traumland, wie es die Dichterlandschaft der ersten Odensammlung ist, nicht völlige Befriedigung bringen kann, da sie nicht das ganze Dichtertum des Horaz, in dem Dichten und Leben als eine unlösbare Einheit empfunden werden, zu umfassen vermag. Die Diskrepanz von geistiger, idealer Dichtersphäre und biographischer Lebenswirklichkeit drängen ihn dazu, als Gegenstück zur Idealwelt auch seinem wirklichen Leben und seinem realen Lebensbereich — denn Mensch und Umwelt gehören eng zusammen[1] — in einem dichterischen Bild Gestalt zu verleihen. Das Sabinum und manche oft besuchte Villenstädte Italiens erscheinen in poetischer Verklärung als die Welt des Dichters, die alle Seiten seines Wesens und seines Lebens in sich aufzunehmen vermag. Hier vereinigen sich sowohl die göttlichen Kräfte der Musen — mit Ausnahme der dichterischen Inspiration — als auch die menschlichen Eigenschaften des Dichters mit der realen Landschaft zu einer vollkommenen Harmonie. Wenn idealisierende Züge auch hier dem Bild eine überzeitliche Bedeutung verleihen, so ist doch diese Welt im Gegensatz zur idealen Dichterlandschaft ganz aus dem Boden der italischen Landschaft und Lebenswirklichkeit emporgewachsen und bleibt mit dieser verwurzelt. Der Unterschied zur Dichterlandschaft, deren Hauptträger eine abstrakte Idee ist, kommt besonders schön zum Ausdruck im großen Musengedicht, wo diese beiden Bereiche trotz einer verwandten Grundstimmung völlig getrennt nebeneinanderstehen.[2]

1. Das Dichtertum in der Ode III 4

Das Musengedicht, in welchem Dichter und Dichtkunst in die weiten Zusammenhänge der göttlichen Weltordnung eingefügt er-

---

[1] Vgl. o. S. 74f.   [2] Dichterhain: carm. 3, 4, 5ff. vgl. o. S. 27ff.

scheinen, führt uns tief ins Zentrum des horazischen Dichtertums:
In einer großartigen, pindarischen Konzeption[3] stellt Horaz das
Wirken der musischen Kräfte dar, die sich auf drei verschiedenen
Ebenen manifestieren. Die eigentliche und reinste Verwirklichung
finden die Musen, die als sichtbare Verkörperung der göttlichen
Weisheit das höchste geistige Prinzip darstellen,[4] in der durch
schwere Kämpfe endgültig errungenen Friedensherrschaft Jupiters
(V. 41—80). Augustus seinerseits sucht in seiner irdischen Herrschaft
diese göttliche Friedensidee, die beispielhaft über allem zeitlichen
Geschehen steht, zu verwirklichen (V. 37ff.). Eine wesentliche Ver-
mittlerrolle zwischen den beiden Welten spielt schließlich der Dichter (V. 1—36), der als Liebling der Musen direkt am Göttlichen
teilhat. Die Auffassung des Dichters als Musenpriester, der aus
göttlicher Offenbarung höhere Einsicht verkündet,[5] bildet auch hier
den zentralen Gedanken, auf den sich die ganze Konzeption auf-
baut, bleibt aber völlig im Hintergrund. Denn Horaz nimmt hier
nicht die würdevolle, strenge Haltung eines mahnenden und be-
lehrenden Priesters ein wie im Proömium zu den Römeroden (carm.
3, 1, 1ff.), sondern gibt in hymnischem Preis ein tiefpersönliches
Bekenntnis zu den Musen, deren Schutz er als begnadeter M e n s c h
in den kleinen Dingen des Alltags und in seinem realen Leben in
der italischen Wirklichkeit erfahren darf. In der ausführlichen Schilderung seines Dichterlebens tut sich eine völlig neue Auffassung des
Dichters kund: Das private Leben und das persönliche Menschentum
des Dichters werden von Horaz mit der göttlichen Sendung in Einklang gebracht, da er als Mensch wie als *vates* dieselbe musische
Kraft erlebt und in einem dichterischen Bild schaubar macht.[6] Indem
Horaz seinen kleinen Lebensbereich mit seinem großen öffentlichen
Anliegen in seiner Dichtung verbindet, werden in der augusteischen
Auffassung des Dichtertums altgriechisches und hellenistisches Ideal
zu einer neuen, typisch römischen Einheit verschmolzen.

---

[3] Pyth. 1; vgl. KLINGNER 337: „Seit Pindars erstem pythischen Gedicht
an das goldene Saitenspiel hat kein Dichter so von der Würde seiner
Kunst gesprochen . . .“
[4] Vgl. o. S. 68.
[5] Vgl. o. S. 12f.
[6] Vgl. u. S. 118 carm. 1, 17; vgl. carm 1. 31.

Der große Unterschied zu Pindar, an dessen erste Pythie sich
unsere horazische Ode bewußt anschließt, tritt uns bei einem Vergleich der beiden Gedichte mit aller Deutlichkeit entgegen. Die
Übereinstimmungen, auf welche die Kommentatoren und Inter-
preten hinweisen,[7] sind zwar sehr groß: Die göttliche Herkunft der
Musik, die Parallele zwischen Jupiter und dem irdischen Herrscher,
die Bändigung der brutalen, dunklen Gegenmächte Jupiters und
viele Einzelmotive sind bereits dort vorgebildet. Aber mit Recht
macht Fraenkel[8] auf die wesentlichen Unterschiede aufmerksam, die
bei der thematischen und motivischen Nähe besonders ins Gewicht
fallen. Während Pindars Ode aus der kultischen Gemeinschaft herausgewachsen ist, bleibt Horaz als Dichter und Mensch völlig auf
sich selbst gestellt, empfängt allein im einsamen Hain die Inspiration und erfährt auch in seinem privaten Leben den Schutz der
Musen als ein Auserwählter, vom Volk Getrennter. Der ganze erste
Teil der Ode, neun Strophen, welche die persönlichen Erlebnisse des
Horaz zum Thema haben, finden bei Pindar keine Entsprechung,[9]
da bei diesem nur seine Stellung als Dichter, Diener und Prophet
der Musen eine Rolle spielt, nicht aber sein persönliches Leben und
seine menschliche Individualität.

(3. Str.)   Me fabulosae Volture in Apulo
               nutricis extra limina Pulliae   10
                  ludo fatigatumque somno
                     fronde nova puerum palumbes

(4. Str.)   texere, mirum quod foret omnibus,
               quicumque celsae nidum Aceruntiae
                  saltusque Bantinos et arvum   15
                     pingue tenent humilis Forenti,

---

[7] KH Einleitung zur Ode; Komm. zu V. 37; 41; 53; 61. — U. v. Wilamowitz, in: Mommsen und Wilamowitz, Briefwechsel, Berlin 1935,
360. — R. Reitzenstein GGA 1904, 958, Anm. 1. Ders. NJB 1922,
34. — Kroll 246 Anm. 41. — Pasquali 693, 696ff. — E. Harms,
Horaz in seinen Beziehungen zu Pindar, Diss. Marburg 1936, 12ff. —
Klingner, Horazens Musengedicht 3, 4; 376ff., bes. 362, 371f. —
Ders. Das 1. Pythische Gedicht Pindars, 663ff. — Theiler a. O. 253(1)f.
267(15), 274(23). — Fraenkel 276ff. — Ders. SBHeid. Ak. d. Wiss.
1932/3, 2, 22f.
[8] 283ff.   [9] Theiler 258(6).

(5. Str.)   ut tuto ab atris corpore viperis
               dormirem et ursis, ut premerer sacra
                    lauroque conlataque myrto,
                         non sine dis animosus infans.   20

(6. Str.)   vester, Camenae, vester in arduos
               tollor Sabinos, seu mihi frigidum
                    Praeneste seu Tibur supinum
                         seu liquidae placuere Baiae.

(7. Str.)   vestris amicum fontibus et choris   25
               non me Philippis versa acies retro,
                    devota non extinxit arbor
                         nec Sicula Palinurus unda.

(8. Str.)   utcumque mecum vos eritis, libens
               insanientem navita Bosphorum   30
                    temptabo et urentis harenas
                         litoris Assyrii viator,

(9. Str.)   visam Britannos hospitibus feros
               et laetum equino sanguine Concanum,
                    visam pharetratos Gelonos   35
                         et Scythicum inviolatus amnem.

Das breit erzählte Kindheitserlebnis (Str. 3—5) von der wunderbaren Errettung des kleinen Knaben Horaz setzt etwas unerwartet
und befremdend ein nach dem hohen, hymnischen Gebet, das eine er-
habene Thematik ankündigt. Diese betonte Stellung nach dem
Proömium, wo man im Hymnus den ersten Mythos erwartet,[10] und
die Verwandtschaft mit den Sagen, die Götterkinder und Dichter-
berufungen umspinnen — *fabulosae* weist in diese Richtung[11] — verleihen dem schlichten Ereignis einen mythisch-verklärenden Glanz.
Das Erlebnis wird im Gefühl des rückblickenden Horaz zu einem

[10] THEILER 257(5).
[11] FRAENKEL 275 Anm. 1. Vgl. KH z. St. und KIESSLING z. St. — THEI-
LER 260(8). — *fabulosae:* KH auf Tauben bezogen; ebenso KLINGNER:
„mich haben wie in Sagen ... Tauben überdeckt"; falsch Thes. l. L.
VI 38, 2: auf Amme; so bereits Porphyrio.

außergewöhnlichen Zeichen göttlichen Bewahrens. *Tutus*, ein be-
deutungsschweres Wort, gibt die Stimmung einer idealen, göttlichen
Geborgenheit wieder.[12] Die göttliche Macht ist auch deutlich gegenwärtig in *sacer* (V. 18) und in der Wendung *non sine dis animosus
infans* (V. 20); sie rettet und schützt das Kind in der konkreten,
geschilderten Gefahr. Und überdies wird deutlich, daß es sich nicht
nur um ein einmaliges Bewahren handelt, sondern daß diese Macht
das Kind immer und überall begleitet und sein Wesen und seinen
Lebensweg grundlegend bestimmt. Denn diese Geschichte hat eine
hintergründige Bedeutung, die in die Zukunft weist: Tauben und
Zweige sind nicht nur Realitäten, sondern schließen symbolische
Kräfte in sich, was bereits Heinze (z. St.) in Betracht zieht.[13] Auch
bei den Wundergeschichten über Stesichorus und Pindar (Plin. nat.
10, 82; Paus. 9, 23, 2) sind Nachtigall und Bienen von einer
sprechenden Symbolik erfüllt, die den zukünftigen Dichter ahnen
läßt. Die Tauben hier sind der Venus heilig, auch die Myrte steht
zu ihr in Beziehung.[14] Der Lorbeer hingegen weist auf Apollo und
hat bei Horaz als Kranz des *vates* (carm. 3, 30, 15f.) große Bedeutung. Daraus wird wahrscheinlich, daß Horaz mit diesem Hinweis auf Venus und Apollo die Veranlagung und die Themenkreise
des zukünftigen Dichters andeuten will: Liebesgedichte einerseits
und die Oden der politischen Sendung anderseits, bestimmen sein
ganzes Werk.[15] Diese beiden Möglichkeiten werden durch göttliche

---

[12] carm. 1, 17, 5; 13. 2, 10, 6. 3, 29, 63. 4, 5, 17. Vgl. KLINGNER 382f.

[13] THEILER 260(8) gegen symbolische Deutung. KIESSLING: *omen*.

[14] Tauben: vgl. GRUPPE, Griechische Mythologie und Religionsgeschichte
(Hdb. d. Altertumswiss.), München 1906, 1350 Anm. 7. — Myrte: ebd.
1288 Anm. 1, 1356 usw. vgl. Ov. am. 1, 2, 23. Verg. ecl. 7, 62.
georg. 1, 28.

[15] Die Liebesgedichte stehen stellvertretend für die unpolitischen Oden
im allgemeinen, vgl. KH Einleitung zur Ode IV 1. Apollo gehört zur
politischen Thematik: Er ist persönlicher Schutzgott Octavians, vor
allem in der Schlacht bei Actium (FRAENKEL 248). In der Folgezeit
wird er zum eigentlichen Gott des augusteischen Zeitalters: Im J. 28
Weihung des Tempels auf dem Palatin zum Dank für Actium, vgl.
Hor. carm. 1, 31, dazu KH Einleitung, WILI 139. Bei der Säkularfeier ist er einer der Hauptgötter; in ihm, dem Gott des Lichtes und
des Geistes, verkörpert sich die neue, helle Friedensepoche, vgl. Hor.
carm. saec., bes. 61ff., WILI 352. Von Horaz auch sonst mit dem Wirken Octavians in Beziehung gesetzt: carm. 1, 21, 13ff., dazu WILI

Fügung bereits im Kinde als verborgene Anlage eingepflanzt, damit sie mit ihm wachsen und aufblühen können. Denn das Dichten kann nach der Überzeugung und Erfahrung des Horaz nur aus dem Wesen und dem Leben des Menschen heraus entstehen. Auf diese Weise ist das von den Musen behütete Menschen- und Dichtertum des Horaz in der schlichten Erzählung eingefangen.

Das beruhigende, beglückende Bewußtsein, unter göttlichem Schutz zu stehen, bestimmt den ganzen persönlichen Teil der Ode, sowohl die folgenden zwei Strophen, wo Horaz zur realen Gegenwart übergeht, als auch die Vorstellungen von den Gefahren an den Enden der Welt, denen sich der Dichter furchtlos und unbehelligt aussetzen könnte. Dieses für Horaz bezeichnende Lebensgefühl[16] begegnet uns in seinen Gedichten häufig: In der schönen Landschaft, die ihn umgibt, empfindet er göttlichen Segen (carm. 1, 17, 13ff. 2, 6, 17ff.). Seine Freundschaft mit Mäzen steht unter göttlichem Schutz (carm. 2, 17). Faun oder Merkur bewahrten ihn vor dem Baumsturz; Merkur entrückte ihn aus der Schlacht von Philippi (carm. 2, 7, 13). Am deutlichsten tritt uns diese Erfahrung in der Ode I 22 entgegen, die in eigentümlicher Mischung von Pathos und Scherz ein Erlebnis mit einem Wolf ironisch beleuchtet. In diesem Spiel schwingt, wie Fraenkel in feiner Interpretation zeigt,[17] dasselbe horazische Lebensgefühl mit, das in unserer Ode eindeutiger und in religiöser Färbung ausgesprochen wird. In der warmen und persönlichen Empfindung des Horaz erhält also die traditionelle Auffassung des Dichters als Liebling der Musen,[18] das im Hellenismus jegliche tiefere, religiöse Bedeutung verloren hatte, wieder neuen Sinn und frische Lebenskraft. Im hymnisch wiederholten *vester* (V. 21) und im Vers 25 *vestris amicum fontibus et choris* [19] ist sie hier schlicht ausgesprochen.

Vester — vestris knüpft die beiden Strophen eng zusammen, die in der Mitte zwischen der mythischen Vergangenheit und der Zukunftsvision drinstehend den realen Gegenwartsraum umfassen. Hier findet in den Versen 21—24 das von musischen Kräften er-

193ff., carm. 1, 2, 30ff., dazu Hᴏᴍᴍᴇʟ 121f. In der Ode IV 6 ist er der besondere Beschützer des *vates* Horaz, des Dichters des politischen Liedes. Zum lorbeerbekränzten Dichter vgl. u. S. 143ff.
[16] Kʟɪɴɢɴᴇʀ 383.   [17] 184ff. bes. 187.   [18] Vgl. o. S. 12 m. Anm. 8.
[19] Vgl. *Musis amicus* ... carm. 1, 26, 1.

füllte Dichtertum des Horaz in einer sonnigen Landschaft seinen
vollendeten Ausdruck. Der hymnische Ton, die vielen Namen, an
die sich ein ruhiges und glückliches Dasein knüpft, und eine heitere
Gelöstheit geben dieser Strophe eine helle, friedenerfüllte Stimmung, frei von den drohenden Gefahren, die in den umliegenden
Strophen gegenwärtig sind. Die Niederlage von Philippi, die See-
not beim Vorgebirge Palinurus und der Baumsturz, die zu den bedeutsamen Gedenksteinen des göttlichen Bewahrens im realen Leben des Dichters geworden sind,[20] bilden einen wirksamen Kontrast
zu dieser Mittelstrophe des persönlichen Teiles. Hier ist alles vom
mildesten Sonnenglanz umstrahlt, in welchem die Schatten fehlen;
keine negative Bestimmung, keine Härte stört die Harmonie.

Diese friedliche Sphäre, von welcher der Dichter ganz aufgenommen und umhegt ist, ist ein Teil italischer Landschaft. Die vielen
Namen der bevorzugten und auch von Horaz öfter genannten römischen Villenorte haben hier die wichtige Funktion, die italische
Wirklichkeit, die ihm ein ruhiges und glückliches Leben ermöglicht,
heraufzubeschwören. Das zuerst erwähnte Sabinum nimmt bedeu-
tungsmäßig und syntaktisch eine Sonderstellung ein, während die
übrigen drei Orte durch das gemeinsame Verb und das verbindende
seu — seu — seu eng verknüpft sind. Mit *arduus* steil, das die Nuance
des Schwierigen, Schwererreichbaren in sich schließt, und mit *tollor*
(reflexiv: ich erhebe mich) ist die gebirgige Sabinerlandschaft angedeutet. Horaz hebt absichtlich und gern das Beschwerliche hervor,
um die Besonderheit seines Wesens und Lebens zu kennzeichnen,
da die Vorliebe für eine rauhe Gegend bei einem Römer etwas
Außergewöhnliches ist.[21] In der Betonung der Höhe soll also, wie
ich glaube, nicht eine besonders geistig-ideale Sphäre angedeutet
werden, sondern im Gegenteil die italische, harte Wirklichkeit.[22]
Praeneste, Tibur und Baiae hingegen sind allgemein beliebte Villenstädte.[23] Auch ihre Charakterisierung fügt sich ganz in den Vorstellungsbereich der römischen Villa ein, für die nach römischem
Empfinden eine besondere, aus dem Stadtdunst erhöhte Lage und

---

[20] carm. 2, 13. 2, 17, 27ff. epist. 2, 2, 49.   [21] Vgl. o. S. 75f., Anm. 17.
[22] KLINGNER 384: ideal.   THEILER 260(8): real.
[23] FRIEDLAENDER I 396f. 404ff. — Horaz: Praeneste: epist. 1, 2, 2. Tibur:
vgl. u. S. 133ff. bes. Anm. 23. — Baiae: carm. 2, 18, 17ff. epist. 1, 1, 83.
1, 15, 2ff.

angenehm erfrischendes Klima unentbehrlich sind.[24] In den vagen
Attributen durchdringen sich objektive Feststellung und subjektives
Empfinden, Bild und Gefühl, wie wir es für die horazische Landschaftsschilderung als bezeichnend kennengelernt haben;[25] in der
unbestimmten Feststellung der Kühle *frigidum* schwingen Vorstellung und Empfindung von Wasser und Schatten mit; *supinum*
schließt Höhenluft und Sommerfrische unausgesprochen mit ein;
liquidae charakterisiert die reine, frische Meeresluft von Baiae; denn
weder zu den warmen Schwefelquellen noch zum Meer paßt die
Bezeichnung „flüssig" und „klar, rein".[26]

Eine ideale Note ist allerdings in dieser Schilderung auch nicht
zu verkennen; aber sie haftet nicht an der Landschaft oder an den
Orten an sich, da Baiae, Praeneste und Tibur zu den gewöhnlichen
Villenstädten gehören, die von den Römern oft besucht und ge-
schätzt werden. Horaz trifft dort also keine romantische Einsamkeit, sondern die vornehme römische Gesellschaft und eine Fülle
bewegten und bunten Lebens. Besonders Baiae ist ein Mode- und
Luxusbad, über das sich Horaz an anderen Stellen recht abweisend
äußert (carm. 2, 18. epist. 1, 1, 83). Das Verklärende liegt also nicht
in den Orten selbst, sondern in Horaz und seinem von den Musen
geprägten Wesen. Wo immer Horaz sich auch aufhält *(seu — seu —
seu)*, überall außerhalb der städtischen Hast und Unfreiheit, kann
sich seine musische Kraft entfalten und eine friedliche, geistige
Sphäre verbreiten. Sie hat ihren Ursprung in einer anderen Welt,
die in alten dichterischen Symbolen, *vestris amicum fontibus et
choris* (V. 25), als ideale Heimat des Musischen ihren lichten und
reinen Ausdruck findet. Diese göttliche Welt, die sich in der folgenden Strophe, wo bereits wieder dunkle Mächte drohen, fast fremd
ausnimmt — sie ist der geistige Hintergrund für Leben und Umwelt
des Dichters; an ihr hat er teil; durch sie ist er zu einem auserwählten Menschen geworden. Von der musischen Kraft, die aus
dieser hohen Sphäre kommt und durch ihn wirkt und aus ihm
strömt, wird sein ganzes Leben erfüllt und eine Atmosphäre von

---

[24] MARXER a. O. 102, FRIEDLAENDER 396f. 404ff. — Horaz: Lage: carm.
3, 29, 6f. epist. 1, 16, 5ff. — Klima: carm. 1, 17, 3f. 2, 6, 17f. 3, 13,
9ff. 3, 29, 17ff. — epist. 1, 16, 8. 1, 18, 104f.   [25] Vgl. o. S. 82f.
[26] KH z. St.; KLINGNER 384; THEILER 260(8). Vgl. Lucr. 4, 166f. Verg.
georg. 1, 404. Aen. 10, 272.

göttlichem Hauch um ihn selbst verbreitet, welche seinen ganzen Lebensbereich ergreift und verklärt. So wird die italische Wirklichkeit für Horaz eins mit jener Idealwelt, aber nur für ihn persönlich und für sein Leben, nicht durch eine objektiv faßbare Voraussetzung.

Die Bemerkung von Heinze, Tibur sei hier der Musensitz des Horaz, ist also in verschiedener Hinsicht irreführend: Wir dürfen Tibur nicht aus dem Zusammenhang der anderen Villenstädte lösen, indem wir Vorstellungen aus dem vierten Odenbuch bereits hier voraussetzen.[27] In unserer Ode haben alle genannten Örtlichkeiten für Horaz persönlich, für sein Leben, eine besondere Bedeutung. Diese darf aber auf keinen Fall mit der des göttlichen, inspirierenden Musen- und Dichterhaines[28] gleichgesetzt werden. Im Gegensatz zu jener rein idealen Sphäre der dichterischen Phantasie, in die Horaz sich nur in gewissen ekstatischen Momenten entrückt fühlt, hat er sich hier (V. 21—24) seinen realen Lebensraum, in welchem er nicht nur dichtet, sondern vor allem l e b t , in einem dichterischen Bild dargestellt und mit höherer Bedeutung erfüllt. Die schützende Kraft der Musen, die sein Wesen und Leben trägt, verbreitet in diesen realen Örtlichkeiten einen verklärenden Glanz und läßt sie durch vage, stimmungsvolle Andeutungen, in denen alles Einzelne in der sonnigen, friedlichen Stimmung musischer Harmonie aufgeht, zur eigenen Welt des Dichters werden.

2. Die sabinische Welt der Ode I 17

Die Ode I 17 schließt sich im Grundgedanken und in der Stimmung eng an die sechste Strophe des Musengedichtes an (carm. 3, 4, 21ff.). Hier ist es Horaz gelungen, die sonnige, friedliche Atmosphäre der Geborgenheit, die er auf seinem Sabinergut erlebt, in einem zauberhaften Bild fühlbar zu machen, indem er seinen musischen Lebensbereich, der in der Ode III 4 nur durch unbestimmte Attribute vage angetönt wird, mit konkretem, anschaulichem Leben erfüllt.

---

[27] Vgl. u. S. 148ff., 155ff., 159ff.   [28] Vgl. o. 1. Kap.

Velox amoenum saepe Lucretilem
mutat Lycaeo Faunus et igneam
    defendit aestatem capellis
        usque meis pluviosque ventos.

inpune tutum per nemus arbutos   5
quaerunt latentis et thyma deviae
    olentis uxores mariti
        nec viridis metuunt colubras

nec Martialis haediliae lupos,
utcumque dulci, Tyndari, fistula   10
    valles et Usticae cubantis
        levia personuere saxa.

di me tuentur, dis pietas mea
et musa cordi est; hinc tibi copia
    manabit ad plenum benigno   15
        ruris honorum opulenta cornu.

hic in reducta valle caniculae
vitabis aestus et fide Teia
    dices laborantis in uno
        Penelopen vitreamque Circen.   20

hic innocentis pocula Lesbii
duces sub umbra, nec Semeleius
    cum Marte confundet Thyoneus
        proelia, nec metues protervum

suspecta Cyrum, ne male dispari   25
incontinentis iniciat manus
    et scindat haerentem coronam
        crinibus inmeritamque vestem.

Aus dem Anlaß einer Einladung an Tyndaris heraus gibt Horaz
ein Bild seiner sabinischen Villa und seines alltäglichen Lebens,
indem er die Geliebte im voraus alle Freuden des otiums mitge-
nießen läßt: Wein und Lied im kühlen Schatten, eine reine Liebe
und die wohltuende Ruhe in einer friedlichen, von den Göttern
geschützten und gesegneten Landschaft, in der Mensch und Tier

nichts zu fürchten brauchen, sind die großen, unschätzbaren Vorzüge dieser kleinen, stillen Welt. Hier finden sie in einem ange-
nehmen, gemäßigten Klima, das ein Haupterfordernis der römischen
Villa ist, Schutz vor der brennenden Sommerhitze. Die Umgebung
der Villa wird dabei äußerst lebendig, wenn auch nicht in einem
festgefügten, gerahmten Bilde schaubar. Die Namen konkreter Berge
(Lucretilis, Ustica) und bestimmter italischer Pflanzen *(arbutus,
thyma)* sind in den Handlungsablauf der ersten Strophen eingeflochten. Das Tierleben ist in seiner harten Realistik erfaßt, die
uns in der Ode fremd und beinahe lächerlich vorkommen könnte
(V. 7f.);[29] aber gerade alle diese wirklichkeitsnahen Züge sind ein
wesentliches Charakteristikum dieser horazischen Welt. Und doch
erschöpft sich ihre Bedeutung nicht allein in einer vordergründigen
Schilderung realer Gegebenheiten:

Die ganze friedvolle, harmonische Atmosphäre, die schützende
Gegenwart des Faunus (V. 1—12) und der Götter (V. 13f.) und
viele einzelne Motive lassen eine deutliche Idealisierung der sabinischen Realität spüren.

Bereits die ersten Verse erwecken im antiken wie im modernen
Hörer oder Leser eine Fülle idealer Vorstellungen, die von allem
Anfang an über der Wirklichkeit einen goldenen Glanz verbreiten.
Indem Faunus vom *Lycaeus* auf den *Lucretilis* hinüberwechselt,
kommt die arkadische Welt nach Italien und gibt dem sabinischen
Berg eine hohe, geistige Würde, die ihn weit über das Landschaftlich-
Geographische hinaushebt. Arkadien nimmt auf dem Sabinergut des
Horaz neue Gestalt an; aber nicht allein das griechische, reale Berg-
land Arkadien, die alte, von vielen Sagen umwobene Heimat des
Hirtengottes Pan, klingt in diesen Andeutungen auf, sondern auch
die römische Traumwelt Arkadien, das Land der Hirten-Dichter,
das in den Bucolica Vergils zum Inbegriff der idealen Welt des
Geistes und der Dichtung geworden ist.[30] Durch diskrete literarische

---

[29] KH z. St. wollen darin eine humoristische Wirkung erkennen.

[30] KLINGNER 414 (= Philol. 90, 1935, 289): „ein arkadienhafter Bezirk".
— Vgl. R. A. SCHRÖDER, Gesammelte Werke, Frankfurt a. M. V 1952,
968: Anm. z. Ode I 17: Er formuliert diesen Eindruck vereinfachend:
„Der Pan der alten Hirten- und Dichterheimat Arcadien kommt von
Griechenland nach Italien." — Lycaeus: Verg. ecl. 10, 15. georg. 3, 2
usw. — Tanz der Fauni: ecl. 6, 26ff. Flötenspiel des Pan: ecl. 2, 31ff.

Anspielungen, mit ein paar Worten, gelingt es Horaz also, seine sabinische Welt mit Sinngehalt, Vorstellung und Stimmung des vergilischen Arkadien zu erfüllen und zu s e i n e m Arkadien, seiner Idealwelt zu erheben.

Wie in Arkadien leben auch hier Götter und Menschen auf e i n e r Ebene.[31] Faunus ist schützend gegenwärtig, so daß die Ziegen sogar auf einsamen Wegen sicher und sorglos weiden können. An den glatten Felsen des *Ustica* widerhallt das Flötenspiel des Gottes wie in Arkadien, wo die Wälder von Flötenklängen und Gesang erfüllt sind. „In bukolischen Farben malt der Dichter den sommerlichen Frieden" (Heinze, Einleitung); und sogar die Liebe ist mit der Einladung an Tyndaris in diese friedvolle Sphäre aufgenommen. Die tiefste Verwandtschaft aber liegt in der Stimmung, welche diese Welt zu einem höheren Dasein verklärt: Erfüllt von Glück und Harmonie gewährt sie Zuflucht aus dem Harten, Gefährlichen und Furchterregenden; die dunklen Mächte der römischen Realität, die durch die Kraft der göttlichen Nähe gebannt diesem musischen Bereich nichts anhaben können, wirken wie fernes Donnerrollen eines abziehenden Gewitters, indem das überwundene Grauen einen umso schöneren Hintergrund zum intensiven Erlebnis des Friedens und der gottnahen Geborgenheit bildet.

Die Geschlossenheit der arkadienähnlichen Atmosphäre bei Horaz und ihre Verbundenheit mit der sabinischen Wirklichkeit lassen deutlich erkennen, daß Horaz nicht einfach kopiert, sondern aus eigenem, persönlichem Bedürfnis heraus seine Welt, die ihm eine Zuflucht aus der harten Realität gewährt, in einem idealen Licht erscheinen läßt. Mit den leisen literarischen Anspielungen bezweckt Horaz also nicht eine bloße Übernahme der vergilischen Vorstellungen, im Gegenteil: Es wird ihm durch das Anrühren an Vergils Idealwelt möglich, im Widerspiel von Anlehnung und Distanzierung die Andersartigkeit seiner Dichterwelt bewußt zu machen. Denn während in Vergils Arkadien jede harte Kontur der Wirklichkeit sich in einem traumhaften Dunst verliert, das Leben des Dichters selbst hinter dem verklärten Hirtendasein völlig verschwindet, bezieht Horaz die ganze Realität in die ideale Sphäre ein und baut sich sein Arkadien auf dem sabinischen Boden auf.

---

[31] Snell 373f. vgl. o. S. 37 mit Anm. 59.

Außer dem Aufklingen Arkadiens spielt das griechische Element überhaupt in dieser Ode eine wichtige Rolle. Bereits in der Gestalt des Faunus-Pan, in der sich griechisches und italisches Wesen verbindet, und in der Vertauschung von *Lycaeus* und *Lucretilis*[32] wird die Verklärung der italischen Realität durch griechische, geistige Mächte angekündigt. Dieses Leitmotiv nun erscheint im Verlaufe der Ode in manchen neuen Spielformen (z. B. V. 19ff. 22ff.) und wird vollends in ihrem Gesamtaufbau, der symbolische Bedeutung hat, zum umfassenden geistigen Prinzip.

Der erste Teil der Ode (Str. 1—3) ist ganz von der italischen, ländlichen Wirklichkeit erfüllt, in der das idealisierende griechische Element erst leise auftaucht. Die italischen Bergnamen, *Lucretilis* (V. 1) und *Ustica* (V. 11), und die Gegenwart des Gottes (V. 2 und 10ff.) schließen diese Strophen, wie Klingner in feiner Interpretation zeigt,[33] zu einer wunderbaren Bewegungseinheit zusammen. Italische Landschaft und italisch-bukolisches Leben runden sich zu einer friedlichen, in sich ruhenden Welt, welche die Gegenwart des Menschen erst in leisen Andeutungen ahnen läßt: Die possessive Bestimmung *meis* (V. 4),[34] der Vokativ *Tyndari* und die ausgeprägt menschliche Empfindung, mit der die Landschaft erfaßt wird (*amoenus* V. 1, *inpune* V. 5, *cubantis* V. 11) weisen auf ein Kommendes hin.

Von der vierten Strophe an tritt plötzlich der Mensch in den Mittelpunkt und gibt dem ganzen Bild seine eigentliche Tiefe und Bedeutung. Im zweiten Teil (Str. 5—7) rückt die Landschaft in den Hintergrund; an sie erinnert nur noch das vage *umbra* (V. 22). Die italische Realität bildet nur mehr den äußeren Rahmen für das Leben des Menschen und für den griechischen, geistigen Gehalt, der als Gegenmacht auftritt und alles erfüllt und überhöht: Horaz trinkt mit Tyndaris zusammen lesbischen Wein (V. 21f.); im griechischen Lied und in griechischen Sagen wird eigenes Leid sublimiert und gemildert (V. 19f.). Griechische fremd- und vollklingende Namen, in höchstem Maße *Thyoneus* (vgl. KH z.St.), verbreiten

---

[32] Gleicher oder verwandter Anlaut; y in älterer Zeit wie u ausgesprochen. LINDSAY-NOHL, Die lateinische Sprache, Leipzig 1897, 747. STOLZ-LEUMANN, Lateinische Grammatik (Hdb. d. Altertumswiss.), 1928[5], Laut- und Formenlehre 48.

[33] KLINGNER 414.   [34] KLINGNER Philol. a. O. 291 mit Anm. 15.

über den römischen Alltag einen idealen Glanz und den Hauch
griechischen Geistes.

Die beiden Teile stehen jedoch nicht für sich, sondern sind in
bewußter, aufs feinste geformter Komposition aufeinander abge-
stimmt und bezogen, indem wörtliche Anklänge die enge inhaltliche
Zusammengehörigkeit unterstreichen:

ignea aestas 2	caniculae aestus 17	
metuunt 8	metues 24	ringförmig
Martialis lupos 9	Marte 23	um die 4. Str.
fistula 10	fides 18	= Mitte
ferner: valles 11	in reducta valle 17	

Die inhaltliche, geistige Vereinigung der verschiedenen Kräfte,
welche die beiden Teile erfüllen, ist in dieser strengen, formalen
Komposition symbolhaft zum Ausdruck gebracht. Die von Horaz
immer wieder geforderte und ersehnte Einheit zwischen dem Menschen und der ihn umgebenden Landschaft[35] findet in der deutlichen
Bezogenheit der beiden Teile aufeinander ihre vollendete Verwirklichung; die griechischen Elemente ferner, die im Verlauf des Gedichtes mehr Raum einnehmen, umgeben die italische Realität mit
einem wunderbaren Glanz und ziehen sie zu einer höheren Seins-
stufe empor. Diese Harmonie der für Horaz wesentlichen Kräfte
wird durch die Ausgewogenheit der kompositionellen Form, durch
den ruhigen Wohllaut der Sprache und durch die gelöste, friedenerfüllte Stimmung zu höchster Vollkommenheit gesteigert. Dies ist
die Atmosphäre, die Horaz zum Reifen seiner Dichtung und zu
einem glücklichen Leben braucht.

Ihre höchste Sinnerfüllung erhält die dargestellte Welt in der
Mittelstrophe, die in den Themen musischer Mensch und ländlicher
Segen wesentliche Gehalte der beiden Teile in chiastischer Stellung
in sich vereinigt und in ihrer Abhängigkeit vom Göttlichen zeigt.

Einzig hier sind auch Tyndaris und Horaz vereint, wie in der Zu-
sammenstellung der beiden Pronomina *me* (V. 13) und *tibi* (V. 14)
leise angedeutet wird.[36] In verhaltener Weise wird dadurch die Ode

---

[35] epist. 1, 10, 12ff. vgl. o. S. 74f.
[36] Vgl. carm. 2, 6, 21 *ille te mecum locus*, die Einrahmung durch *ille ...
locus* ist hier Symbol für den Gehalt: Das liebliche Tarent nimmt den
Dichter mit dem Freund in seine Geborgenheit auf.

in dieser zentralen Strophe zum Liebesgedicht. Glück und Segen
des Sabinums und der Dichter Horaz sind für Tyndaris da und
nehmen sie in ihren Bereich auf. Denn nach der besser überlieferten
Lesart *hinc* (V. 14, 'von da, hieraus')[37] sagt Horaz, daß die
Fülle ländlichen Reichtums nicht zufällig und beziehungslos in dieser
Landschaft vorhanden ist, sondern als Geschenk der Götter empfunden wird, die dem musischen, frommen Menschen und Dichter
und seiner geliebten Tyndaris einen durch Früchte und Frieden gesegneten Lebensbereich geschaffen haben.

   Das Motiv des Füllhorns läßt die Idealisierung der sabinischen
Welt ihren glanzvollen Höhepunkt erreichen: In wortreich verschlungenen Wendungen, die als Kontrast zum schlichten Ausdruck
des göttlichen Schutzes (V. 13f.) besonders wirkungsvoll sind, macht
Horaz die überströmende Fruchtbarkeit seines Landes lebendig.

   Erstaunlich ist eine so mächtige Fülle auf dem Sabinergut, das
bei Horaz sonst eher karg und bescheiden erscheint. Denn das
Licenzatal nähert sich dort bereits den Bergen. In der Ode III 4,
21f. sagt Horaz selbst: *in arduos tollor Sabinos;* an anderer Stelle
nennt er das Land *rugosus frigore pagus* (epist. 1, 18, 105) und in
der Epistel I 14, 19f. setzt er sich mit der Meinung des unzufrie-
denen Gutsverwalters folgendermaßen auseinander: *nam quae*

---

[37] Anregungen zur Aufnahme von *hinc* und zur Interpretation im allge-
    meinen verdanke ich Prof. HEINZ HAFFTER, insbesondere seinem
    Vortrag über ‚Form und Inhalt in der Odensammlung des Horaz'
    (NZZ 18. Nov. 1955 Nr. 3114 Bl. 4). Zur Überlieferung vgl. den
    Apparat bei KLINGNER; fast alle modernen Ausgaben schreiben *hic*,
    Thes. l. L. VIII 321, 45 *hinc*. Der Unterschied ist paläographisch
    gering (Ligaturenfehler). Begründung des *hic* bei BENTLEY z. St. *Hic*
    ist aber sprachlich anstößig: *manare* mit Abl. Sep. vgl. Thes. l. L.
    VIII 320, 11ff. Die inhaltliche Verbindung mit dem Folgenden ist
    schief: Die parallele Stellung des idealisierenden Motives des göttlichen
    Segens mit dem menschlichen Genießen ist gedanklich unwahrscheinlich
    und läuft der symmetrischen Komposition, die sich aus den beiden
    Teilen (Str. 1—3 und 5—7) ergibt, zuwider.
    Die Lesung *hic* verlangt eine andere Interpretation der Komposition:
    KLINGNER 415f. (Philol. a. O. 291ff. mit Anm. 18); angedeutet bei
    KH durch Semikolon nach V. 16. *Hinc* hingegen verbindet den gött-
    lichen Segen mit der Frömmigkeit des musischen Menschen = zentraler
    Gedanke der ganzen Ode. Dies soll durch das Semikolon vor *hinc*
    angedeutet sein.

deserta et inhospita tesqua / credis, amoena vocat mecum qui sentit.
In den Eingangsversen der Epistel I 16, 1—16 hingegen, die allein
ein geschlossenes Bild seiner sabinischen Landschaft geben, verleiht
er dem Blühen und Gedeihen der bescheidenen Bäume und Sträucher
durch den Vergleich mit dem üppig grünenden Tarent einen höheren
Glanz. Dieser eigenartig zwiefache Eindruck, den wir in der Dichtung des Horaz vom Sabinum gewinnen, liegt zum Teil in der
Landschaft selbst begründet, die einen lieblich grünenden Talgrund,
der sich abwärts weitet, mit den im Altertum bewaldeten, heute
meist kahlen Sabinerbergen verbindet. Auch auf den heutigen Be-
trachter übt die eigentümliche Zwischenlage des Sabinums einen
einmaligen Reiz aus. In der Ode I 17 wird jedoch die Fruchtbarkeit
ins Ideale gesteigert:

Die Fülle und Mühelosigkeit, die in *manare* zum Ausdruck
kommt, und die göttliche Gnade *(benignus)* erinnern an das goldene
Zeitalter, dem das Motiv des Füllhornes selbst auch angehört. In
der Epistel I 12, 28f. nennt Horaz die *Copia* nämlich golden: *aurea
fruges/Italiae pleno defendit Copia cornu,* indem er im Briefstil das
politische Schlagwort der augusteischen Ideologie, welche die gute
Urzeit zurückzuführen verspricht, direkt aufnimmt (vgl. auch epod.
16, 64). Im carmen saeculare, wo dem Gedanken der Ländlichkeit
eine große Bedeutung zugemessen ist (V. 29ff.), erscheint das Füllhorn als Zeichen der Wiederkehr jener alten goldenen Friedenszeit
(V. 59f.). Bildliche Darstellungen aus derselben Zeit, vor allem das
Tellusrelief der Ara pacis, das die Fruchtbarkeit in bukolischem
Frieden darstellt, zeigen uns schön, wie sehr Horaz in seinem Denken mit der politischen Leitidee des Augustus einig ist.[38] Die Bedeutung und Symbolik des *Copia*-Motives begegnet uns vor allem auf
dem Panzerrelief der Augustusstatue von Prima Porta.[39] Die Mitte

---

[38] Vgl. dort auch das Fragment eines Jünglingskopfes (sog. Bonus Even-
tus), hinter dem ein kleines Stück von einem Füllhorn kenntlich ist.
Deutung und Zugehörigkeit der Gestalt sind umstritten: Bonus Even-
tus, Fortuna, Achates, Honos. — G. MORETTI, Ara Pacis Augustae,
Roma 1948, 249ff. mit Taf. 20. — G. KASCHNITZ v. WEINBERG, Zwischen Republik und Kaiserreich, Römische Kunst II (Rowohlts Deutsche
Enzyklopädie 137), 1961, 69f.
[39] E. SIMON, Der Augustus von Prima Porta, Opus nobile 13, Bremen,
1959, 10, Taf. 5 (mit Literaturhinweisen S. 22f.).

ist beherrscht von dem wichtigsten politischen Ereignis des Jahres 20, der Rückgabe der Feldzeichen von Karrhae, die Tiberius ohne Krieg von den Parthern erreichen konnte. Die unterste Figur des Panzers aber, gewissermaßen die Grundlage alles Geschehens, stellt die Gestalt einer ruhenden Matrona dar, aus deren Schoß ein Füllhorn aufsteigt; zwei kleine Kinder sitzen bei ihr. Das Tympanon zu ihren Füßen weist auf Kybele, die Herrin des Ida und Schutzgöttin der Troianer, Mohnkolben und Füllhorn hingegen sind Attribute der Ceres.[40] In dieser Figur vereinigen sich also zwei für die augusteischen Ideen grundlegende Elemente, die Vergil in der Darstellung der Aeneassage und der *Saturnia tellus* (georg. 2, 173) zum Ausdruck gebracht hat: die Herleitung des römischen Geschlechtes von Troia und die friedenbegründende Macht eines fruchtbaren und gesunden Landes. Dem Ideal der augusteischen Epoche, das durch die Rückkehr zum alten bäuerlichen Italien ein neues, mit der Erdscholle verbundenes und moralisch gesundes Volk zu begründen sucht,[41] hat Horaz in seinem privaten Leben auf dem Sabinergut reale Gestalt gegeben: Die augusteische Friedensidee, die sich mit dem uralten Traum vom goldenen Zeitalter verbindet, wird in seiner persönlichen friedlichen Umwelt zur Wirklichkeit. Denn nicht nur das Motiv der *Copia,* sondern auch die Gefahrlosigkeit in göttlicher Hut läßt Vorstellungen des goldenen Zeitalters aufklingen. Wie in jenem erträumten idealen Weltzustand können hier auf dem Sabinum die Zicklein sorglos mitten unter den Wölfen weiden und brauchen sich vor Schlangen nicht zu fürchten, wenn Faunus gegenwärtig ist.[42] In dieser Welt findet das Verlangen des Horaz nach einem geborgenen, ruhigen Leben inmitten einer lieblichen, von Göttern gesegneten Landschaft seine Erfüllung.

In diesem Reichtum ländlichen Segens erscheint nun in der Mittelstrophe auch der Mensch, auf den das Ganze hinstrebt, so daß seine zentrale Stellung als Seele dieser Welt symbolhaft angedeutet wird. Noch klarer als im Musengedicht (carm. 3, 4, 21ff.) kommt hier zum Ausdruck, daß die Landschaft nicht aus sich und für sich

---

[40] Kybele vgl. RE 21. Hdb., 1921, 2271, 46ff. 2280, 14ff.

[41] Vgl. Vergil, bes. georg. 2, 458–540.

[42] KH z. St. ähnlich Hor. carm. 3, 18, 13; vgl. Verg. ecl. 4, 22. georg. 1, 130 (Wölfe). Verg. ecl. 4, 24. georg. 1, 129. Hor. epod. 16, 52 (Schlangen).

diese Fülle und diesen Frieden hervorbringt, sondern ihre Kräfte erst durch die Gegenwart des Menschen und für den Menschen gelöst und zur Entfaltung gebracht werden.[43] Und noch tiefer führt uns der Dichter in den Urgrund dieser Welt hinein, indem er die enge Beziehung des Dichters zum Musischen, das mit dem Göttlichen gleichgesetzt wird, aufdeckt.[44]

> di me tuentur, dis pietas mea
> et musa cordi est; hinc tibi copia ... (V. 13f.)

In wunderbar schlichtem und prägnantem Ausdruck wird der Schutz der Götter in den beiden kurzen Sätzen ausgesprochen. Aber weit mehr als im Musengedicht zeigt Horaz hier das wechselseitige Verhältnis Gott — Mensch von der menschlichen Seite aus und tut damit seine völlig neue Auffassung vom Dichter kund. Dabei entfernt er sich von der altgriechischen Konzeption, die den Dichter vor allem in seiner Abhängigkeit von den Göttern als Priester oder Propheten der Musen sieht und die menschlichen, individuellen Eigenschaften ohne Bedeutung läßt. Die Betonung des Menschlichen bei Horaz und Vergil, die ein hellenistisches Erbe ist, trennt jedoch die Kunst nicht von ihrem göttlichen Ursprung, sondern führt sie zu einer neuen, innerlich freien Bindung zurück.

Während die umschließenden Teile mehr die äußeren Elemente, Landschaft und Leben, in den umfassenden Begriff des Dichtertums einbeziehen, öffnet die Charakterisierung des Dichters in der Mittelstrophe den Blick in geistiger und seelischer Beziehung. *Musa*, die göttliche Dichtergabe, die Horaz als beglückendes und verpflichtendes Pfand seiner Gottesbeziehung empfangen hat, und *pietas* — Frömmigkeit — bestimmen sein Wesen. Diese Frömmigkeit will hier aber nicht in erster Linie als die ernste, würdige Gesinnung und Haltung des Priesters und *vates* verstanden sein, sondern, einbezogen in den kleinen, bescheidenen Lebenskreis des Dichters, als ein persönliches, inniges Gefühl der Verehrung und Liebe der ihn beschenkenden und schützenden Gottheit gegenüber. Diese beiden Kräfte, die göttliche *(musa)* und die menschliche *(pietas)*, gehören für den Dichter eng zusammen, indem sie einander gegenseitig fördern und bedingen. In ähnlicher Weise, wenn auch verhüllter,

---

[43] KLINGNER 415 (Philol. a. O. 290).   [44] KLINGNER, Horaz, 337.

sind im Musengedicht dieselben Eigenschaften des Dichters angetönt im Attribut *pius,* das dort auf den Hain bezogen ist (V. 6), und im symbolhaften Kindheitserlebnis (V. 9ff.).[45]

Indem Horaz seinem Dichtertum nicht nur äußerlich durch den Anspruch auf eine priesterliche Stellung neue Geltung verschafft, sondern es von innen heraus erfaßt als Menschentum in musischem Geist, das bereits dem Kinde durch den Blick der Muse bei der Geburt eingepflanzt worden ist (carm. 4, 3, 1f.), verleiht er ihm eine Innerlichkeit und Würde, die wir in vergleichbarer Weise nur noch bei Vergil antreffen. Dieser hat in seiner Dichterwelt Arkadien den Kräften des Seelischen eine neue Intensität und Tiefe verliehen und auch einen neuen Begriff des Dichters geschaffen:[46] Das für den Dichter-Hirten bezeichnende Attribut *divinus* (ecl. 5, 45. 10, 17) deutet nicht nur an, daß er in einer besonderen Beziehung zu den Göttern steht, sondern auch daß ihm seine geistigen und seelischen Vorzüge, die er aus göttlicher Kraft empfängt, einen besonderen individuellen Wert verleihen. Die wichtigsten aus diesem Verhältnis erwachsenden Kräfte sind zarte Empfindsamkeit und eine sublimierte geistige Liebe, die sich dem Göttlichen und Musischen öffnet und daher als Urkraft des dichterischen Schaffens verstanden wird: *me vero primum dulces ante omnia Musae, / quarum sacra fero ingenti percussus amore, / accipiant . . .* (georg. 2, 475ff.).[47] Auch hier zeigt sich also das Selbstgefühl des Dichters in diesem doppelten Aspekt: Bindung einerseits an die Gottheit, freies Bewußtsein der Würde und des menschlichen Wertes anderseits.

Während bei Vergil aber diese geistigen und seelischen Kräfte sich aus der harten Wirklichkeit in das arkadische Traumland geflüchtet haben und der idealen Gestalt des Dichter-Hirten angehören, bewegt sich Horaz in viel größerer Wirklichkeitsnähe. Er stellt sein eigenes Leben, sich selbst auf seinem Sabinum dar. Indem er also nicht nur die inneren Kräfte seines Wesens als eine Ganzheit auffaßt, sondern diese auch mit seinem alltäglichen Leben und seinem realen sabinischen Lebensraum in Einklang bringt, gelingt es ihm, wie nie zuvor, ein vollendetes, umfassendes Bild seines Dichtertums zu geben.

---

[45] Vgl. o. S. 29f., 103ff.　　[46] SNELL 389ff. bes. 393.
[47] Vgl. ecl. 7, 21. georg. 3, 291f.

3. Tarent (II 6)

In die Reihe der Gedichte, in denen Horaz sich einen eigenen, idealisierten Lebensbereich schafft, gehört als vielleicht spätestes der ersten Sammlung[48] die Ode II 6 mit der Schilderung von Tarent, die in der Grundidee und in vielen Einzelzügen eine enge Verwandtschaft mit den früher besprochenen Oden III 4, 21ff. und I 17 aufweist. Wiederum gibt die Verbindung realer und idealer Elemente dieser musischen Welt ihr eigenartiges und einmaliges Gepräge, und auch hier ist alles durchdrungen von einer tiefen Sehnsucht, in einer schönen Landschaft ein Leben zu verwirklichen, das allem Dunklen entrückt und göttlichem Geist und Frieden nahe ist.

> Septimi, Gadis aditure mecum et
> Cantabrum indoctum iuga ferre nostra et
> barbaras Syrtis, ubi Maura semper
> aestuat unda:
>
> Tibur Argeo positum colono   5
> sit meae sedes utinam senectae,
> sit modus lasso maris et viarum
> militiaeque.
>
> unde si Parcae prohibent iniquae,
> dulce pellitis ovibus Galaesi   10
> flumen et regnata petam Laconi
> rura Phalantho.
>
> ille terrarum mihi praeter omnis
> angulus ridet, ubi non Hymetto
> mella decedunt viridique certat   15
> baca Venafro,
>
> ver ubi longum tepidasque praebet
> Iuppiter brumas et amicus Aulon
> fertili Baccho minimum Falernis
> invidet uvis.   20

---

[48] KH Einleitung zur Ode und Komm. zu V. 5ff.

ille te mecum locus et beatae
postulant arces: ibi tu calentem
debita sparges lacrima favillam
vatis amici.

In großangelegter Bewegung schreitet die Ode vom Weiten, Mächtigen zum Kleinen und Bescheidenen, indem Horaz die weltumspannenden Beteuerungen des Freundes in seine persönliche Welt und erfüllte Stille zurückruft.[49]

Zunächst ist es noch einmal Tibur, das Horaz mit seinem Freund zusammen die Erfüllung seiner Wünsche bringen könnte. Wenn ihm die Parzen jedoch dies versagen, will er das entlegene Tarent aufsuchen, um dort geborgen in bukolischer Stille und ländlicher Fruchtbarkeit Entschädigung und volles Genügen zu finden. Mit dem zuerst geäußerten Wunsch, in Tibur, einem der bedeutendsten römischen Villenorte,[50] sein Alter zu verbringen, gibt Horaz dem Verlangen Ausdruck, dem Kreis der vornehmen und kulturtragenden römischen Gesellschaft, in den er durch Mäzen Zugang gefunden hat, nahe bleiben zu können. Denn nur von wenigen Gebildeten kann seine für ein auserlesenes, kleines Publikum bestimmte Dichtung verstanden und wirklich gewürdigt werden; allein von ihnen wird Horaz die geistige Anregung zuteil und eine gebührende Schätzung, deren er oft mit Stolz gedenkt: *cum magnis vixisse* (sat. 2, 1, 76 vgl. epist. 1, 20, 23). Deshalb ist es verständlich, daß ihm die Nähe der Großen und ihre in griechischem Geist gebildete Gesellschaft, auf die mit der griechischen Gründungssage (V. 5) leise angespielt ist,[51] mächtig anziehen. Ein Fernsein von Tibur würde also einen Bruch und eine Entfremdung von Mäzen und jenem kulturellen Kreis bedeuten, die Horaz niemals aus eigenem Wollen heraufbeschwören möchte; nur eine äußere Macht, die den Schicksalsfügungen der Parzen gleichkäme,[52] könnte ihn zwingen, Tibur zu verlassen und Tarent aufzusuchen, zu dem ihm der Weg

---

[49] Klingner 409 (Philol. a. O. 286f.).

[50] Vgl. u. S. 133ff.

[51] Klingner 408 (Philol. a. O. 286).

[52] Entscheidende Bestimmungen des Lebens stehen bei Horaz unter der Macht der Parzen; carm. 2, 16, 37ff. 2, 17, 16.

offen wäre. Tibur und Tarent stehen also für Horaz nicht ganz auf derselben Ebene.[53]

Tarent,[54] eine griechische Kolonie, war einst eine wirtschaftlich blühende Stadt mit großem kulturellem und politischem Einfluß im griechischen Unteritalien. Durch die römische Eroberung und die aktive Beteiligung am zweiten punischen Krieg wurden dann ihre Kräfte und ihre politische Stellung gebrochen. Zur Zeit des Horaz ist Tarent daher fern von der großen Politik und fern von Rom ein stiller, verträumter Ort, den eine ferne große Vergangenheit mit einem eigentümlichen Zauber umgibt.[55] Doch sein mildes Klima und die Fruchtbarkeit seines Kulturlandes ließen ihn nicht ganz in Vergessenheit geraten; seine landwirtschaftlichen Erzeugnisse, Oliven, Wein, Honig, und besonders die Schafzucht, Wolle und Purpurfärberei blieben berühmt; auch der Handel verlieh der Stadt neben dem aufstrebenden Brindisi noch einiges Ansehen. Reiche römische Herren besaßen dort große Landgüter und Weiden. Die Bewohner Tarents galten als weichlich, durch Luxus verwöhnt und unkriegerisch.[56]

All diese Eigenschaften, die Tarent im Gegensatz zu Tibur zu einem stillen, entlegen blühenden Winkel machen, haben den Horaz schon früh angezogen: In der Satire I 6, 105 ist es sein fernes Reiseziel, das er frei und ungebunden auf seinem Maultier aufsuchen kann. An einer Epistelstelle, die unserer Ode nahe verwandt ist,[57] sind Tibur und Tarent ebenfalls nebeneinander als die von Horaz bevorzugten Orte des otiums genannt im Gegensatz zum

---

[53] Ähnlich HEINZE (zu V. 9), der zwar Ferne und Verzicht des Horaz zu sehr betont; dagegen KLINGNER 409 (Philol. a. O. 287); dieser sieht den Unterschied lediglich in der größeren Schlichtheit und Stille von Tarent. — H. MARTENS, Vita rustica bei Horaz, Diss. Kiel 1948 (Masch.), 52ff. läßt überhaupt keinen anderen Unterschied als den der größeren geographischen Entfernung von Rom gelten.

[54] NISSEN II 862ff. mit Belegstellen; FRIEDLAENDER I 398: neben dem Klima und der Fruchtbarkeit zog Tarent durch seine Abgeschiedenheit an.

[55] NISSEN II 864: „Tarent wurde ein Sitz der Vergangenheit."

[56] Kalabrische Weiden: Hor. epod. 1, 25ff. carm. 3, 5, 55f. epist. 2, 2, 177f. Luxus: Hor. sat. 2, 4, 34. — epist. 1, 7, 45. carm. 3, 5, 55ff.

[57] KLINGNER 409 (Philol. a. O. 287); HEINZE (Einleitung zur Ode) setzt sie ungefähr in dieselbe Zeit: um 23 v. Chr.

mächtigen Rom (epist. 1, 7, 44f.). Aus diesen beiden Erwähnungen
wird deutlich, daß Tarent im Leben des Horaz vor andern Orten
eine reale Rolle spielte. In der Epistel I 16 hingegen, wo es als vor-
bildliche Landschaft die Schilderung des Sabinums hebt und adelt,
erscheint es in einem idealen Glanz:[58] *dicas adductum propius fron-
dere Tarentum* (V. 11). In ähnlicher Weise ist in der Ode III 16, 33
der kalabrische Honig Vorbild und Maßstab für reichen Segen.

Das reale und das ideale Element, die nach diesen Zeugnissen die
horazische Vorstellung von Tarent bestimmen, haben in der anschaulichen Schilderung der Ode II 6, die den ganzen zweiten Teil
des Gedichtes ausfüllt, eine vollkommene Vereinigung gefunden.

Viele Züge dieser Landschaft erinnern an die sabinische Welt
der Ode I 17: Gleich zu Beginn ist die bukolische Sphäre angetönt,
die den Horaz immer von neuem lockt,[59] wenn er auch der wirklichen, geschlossenen Bukolik Vergils fernsteht. Denn seine Landschaftsbeziehung ist völlig vom Erlebnis der Villa her bestimmt,
wie allein schon die Bezeichnung *rura* (V. 12) andeutet. Die italische
Wirklichkeit, die hier lebendig wird, läßt keine bukolisch traum-
hafte Atmosphäre aufkommen. Denn mit den italischen Namen —
Galaesus, Aulon — gibt Horaz dieser Welt bestimmte Konturen;
die konkrete Erwähnung einzelner Gewächse und der Schafe, die
zum Schutz ihres Felles Mäntel tragen (*pellitis ... ovibus* V. 10),
bringen eine reale landwirtschaftliche Note in die Schilderung.

Eine große Rolle spielt auch hier wieder das Griechische. Der
griechische Geist, der als eine rein ideale, jenseits der Realität
stehende Kraft die sabinische Welt der Ode I 17 verklärt, ist hier
in Unteritalien Wirklichkeit und überall lebendig. Auf diesen bedeutsamen Wesenszug Tarents weist nicht allein die Erwähnung
der griechischen Gründung, die auch bei Tibur die griechisch-geistige
Sphäre andeutet und überhaupt ein allgemein beliebtes Motiv ist,[60]
welches das tiefe geistige Verwurzeltsein der römischen Welt in der
griechischen zum Ausdruck bringt; sondern auch im Vergleich mit
dem Honig vom Hymettos ist weiterhin die griechische Welt mit-

---

[58] Vgl. o. S. 114f.
[59] Vgl. ferner carm. 3, 29, 21ff. epod. 16, 49f.
[60] z. B. Cato orig. 51, 54, 70, 71 usw. (Peter). vgl. KLINGNER 408
(Philol. a. O. 286).

einbezogen.[61] Tarent vereinigt also in seiner spartanischen Herkunft
und in der attischen Fruchtbarkeit das Beste der griechischen Welt
in sich,[62] zu dem sich das Auserlesenste Italiens gesellt, die Oliven
von Venafrum und der Falernerwein.[63] Die Aufzählung der er-
lesensten Produkte fremder Orte, mit denen sich die Landschaft von
Tarent messen kann, verleihen ihr eine besondere, idealisierte Stellung. Das Aufklingen der vielen Namen verstärkt den gehobenen,
poetischen Stil dieser Schilderung. Die metonymische Verwendung
der Götternamen Jupiter und Bacchus statt Klima und Rebe soll
neben ihrer stilistischen und künstlerischen Funktion auch noch den
göttlichen Segen, der in allem wirkt, spürbar machen. Die betonte
und poetische Darstellung des milden Klimas, das an sich als reale
Gegebenheit für jede römische Villa wichtig ist, strahlt im Motiv
des langen Frühlings, das an den ewigen Frühling des goldenen
Zeitalters anklingt,[64] einen verklärenden Glanz aus. Die wesentlichste idealisierende Kraft liegt jedoch in der Beseelung der Landschaft, die weit mehr als ein bloßes Stilmittel ist:[65] Die einzelnen
Orte und Früchte treten selbst aktiv auf, lachen, wetteifern, be-
neiden selbst; dadurch erhält die Schilderung eine lebendige Leucht-
kraft, bekommt die tarentinische Welt eine tiefe Bedeutung; und
vollends die Übertragung des Glücks- und Freundschaftsgefühls auf
die Landschaft *(beatus, amicus)* und ihr sehnsüchtiges Rufen nach
dem Menschen zeugen von einer inneren Verbundenheit des Horaz
mit dieser Landschaft, die sie nicht mehr nur äußere, beziehungslose
Umgebung bleiben läßt, sondern zur geistigen Umwelt macht. Denn
in der seelischen Übereinstimmung mit diesem reichen, stillen, aber
lebendurchströmten Winkel[66] scheint Horaz Ruhe, Frieden und
Glück, die Erfüllung seines Lebensideales, möglich.

Die musische Kraft bleibt in der ganzen Ode im Hintergrund
und ist doch spürbar in allem. Erst die letzten Worte *vatis amici*

---

[61] NISSEN II 862f. zieht den Vergleich zwischen Attika und Tarent;
ebenso Varro rust. 2, 2, 18 in Beziehung auf die Schafzucht.

[62] KLINGNER 410 (Philol. a. O. 288).   [63] KH z. St.

[64] Ov. met. 1, 107. Verg. georg. 2, 323ff. (Weltfrühling), Hor. epod. 16,
61; 53ff. (nur Anklang, negativ!).   [65] Vgl. o. S. 73ff.

[66] *angulus* ist bezeichnend für das horazische Lebensgefühl (vgl. Thes. l.
L. II 57, 60ff. „regio abdita, recessus"): ein höchst bescheidenes Wort
(KH z. St. Hor. epist. 1, 14, 23) wird zum Inbegriff des höchsten
Glückes.

lassen diesen Grund des horazischen Menschentums und Daseins still
aufleuchten und die ganze Landschaft überstrahlen, so daß alles in
neuer, tieferer Sicht vor uns liegt. Der geschilderte Bereich erhält
als Welt des musischen Menschen seine letzte Erfüllung und Ent-
rätselung. Erst dieser gibt der sonnigen Stimmung, den idealisierenden Motiven und dem hohen Stil ihren eigentlichen Sinn.

Im Gegensatz zur Ode I 17 ist die Verwirklichung dieses vollendeten Daseins, in dem sich alle Kräfte harmonisch vereinigen,
nicht jetzt und hier im alltäglichen Gegenwartsraum möglich; sondern die Erfüllung ist in zeitliche und örtliche Ferne gerückt, ans
Ende des Lebens *(sedes senectae)* und ins entlegene Tarent. Durch
diese Hinwendung in die Zukunft (Verben futurisch!) nimmt diese
Ode eine Sonderstellung im Werk des Dichters ein, dessen Lebens-
grundsatz das *carpe diem* ist. Das Empfinden, daß sein Ideal vielleicht nie ganz Wirklichkeit werden könne oder gar ein Gefühl
inneren Ungenügens, wie es sich in der Epistel I 8 ausdrückt, mögen
seine Gedanken in die Ferne getrieben haben. Denn obgleich Horaz
oft die Unabhängigkeit vom Ort und vor allem die Nutzlosigkeit
der Flucht vor sich selbst betont (epist. 1, 11, 27), ist er persönlich
doch nicht ganz frei von derartigen Wünschen.

Auf den ersten Blick könnte es befremden, daß in der Alter-
native Tibur — Tarent das Sabinum nicht erwähnt wird. Innere und
äußere Gründe mögen Horaz dazu veranlaßt haben. Das Sabinum
ist wohl allzu sehr in Gewohnheit und Alltag verflochten, um für
die Verwirklichung des erträumten Glückes noch tragfähig zu sein;
in der Tat wäre die abgelegene Villa in den rauhen Sabinerbergen
schwerlich der geeignete Ort für die *sedes senectae*; und schließlich
ist es für römische Verhältnisse, wo die vornehmen Herren eine
ganze Reihe von Villen besitzen, kein Zeichen von Treulosigkeit
und Geringschätzung dem Sabinum gegenüber, wenn die Sehnsucht
des Horaz sich einem anderen Ort zuwendet.[67]

---

[67] HOMMEL (57f., 124) erblickt darin eine Entfremdung des Horaz vom
    Sabinum am Ende der Zwanzigerjahre, besonders auch hervorgerufen
    durch die neue Vorliebe zu Tibur, und bringt dies mit einer „Krise der
    Freundschaft" zu Mäzen, die in der Epistel I 7 zum Ausdruck kommen
    soll, in Zusammenhang. Doch beides scheint mir fragwürdig. Ähnlich
    zur Bedeutung des Sabinums R. PHILIPPSON, Die Abfassungszeit der
    Horazoden II 6 und III 29, RhM 69, 1914, 735ff.

Nicht nur dem Horaz ist die blühende Landschaft von Tarent als die Erfüllung seines Lebensideals erschienen, sondern auch Vergil hat im Bild des korykischen Alten (georg. 4, 125ff.), der in harter Arbeit seinem kärglichen Boden blühendes Gedeihen abringt, die Idee des alten, italischen Bauern von guter, gesunder Gesinnung, zähem Fleiß und zufriedener Bescheidenheit Gestalt werden lassen. Tarent, nicht mehr die Traum- und Idealwelt Arkadien, ist da auch für ihn der geeignete Ort, ein glückliches, wahres Menschentum gedeihen zu lassen: Die natur- und menschenveredelnde Kraft der Arbeit, die dem Mythos der Zeitalter einen ganz neuen Aspekt verleiht (georg. 1, 121ff.), ist in dieser kleinen tarentinischen Welt in vollendeter Weise dargestellt.[68]

Es scheint mir belanglos, ob die Tarentbilder der beiden Dichter aus einem gemeinsamen Erlebnis erwachsen sind, vielleicht aus der brundisinischen Reise (Hor. sat. 1, 5);[69] wesentlich ist der neue innere Gehalt, mit dem sie die äußeren Gegebenheiten jeder auf seine Weise erfüllt haben. Gemeinsam ist beiden das tiefe Bedürfnis, in einer stillen, zurückgezogenen Landschaft ein Lebensideal zu erblicken und dieses in einem dichterischen Bilde schaubar zu machen. Doch wie grundsätzlich verschieden sind Landschaft und Mensch an sich und in ihrer Beziehung zueinander gesehen! Wo Horaz allein das mühelose Genießen einer üppigen, reichen Vegetation sieht, die zu seiner Freude, als ein göttliches Geschenk, einfach da ist, stellt Vergil die harte Landarbeit des Alten dar, die den an sich trägen und kargen Boden in einen blühenden Garten verwandelt und zugleich das Wesen des Menschen stärkt und adelt.[70] Dieselbe Landschaft bietet also Raum für zwei verschiedene Lebensideale, die dennoch beide erst in der engen Verbindung des Menschen mit der ihn umgebenden Natur zur Verwirklichung gelangen können.

---

[68] E. BURCK, Der korykische Greis in Vergils Georgica, in: Navicula Chiloniensis, Leiden 1956, 156ff., bes. 166ff. — Auch ein idealer ausonischer König in der Aeneis heißt Galaesus wie der tarentinische Fluß: *seniorque Galaesus, / dum paci medium se offert, iustissimus unus / qui fuit Ausoniisque olim ditissimus arvis* (7, 535ff.).

[69] So P. WUILLEUMIER, Virgile et le vieillard de Tarente, REL 8, 1930, 325—40, bes. 331ff. — L. HERRMANN, Virgile à Brindes, en Grèce et à Tarente, REL 9, 1931, 269—90, 271f. 278, 280ff.

[70] RICHTER a. O. 40ff. Vgl. o. S. 71.

Welch großen Eindruck die Schilderung des korykischen Alten
bei Tarent bereits auf die Zeitgenossen Vergils machte, können wir
an einer Stelle bei Properz greifen, der in der Elegie II 34, 67f.
den Vergil am Galaesus bei Tarent seine Bucolica dichten läßt:

> tu canis umbrosi subter pineta Galaesi
> Thyrsin et attritis Daphnin harundinibus.

Hier haben wir offensichtlich eine Spiegelung der vergilischen Schilderung vor uns, indem Properz das tarentinische Bild der Georgica
mit Vorstellungen der Bucolica kontaminiert hat, wohl veranlaßt
durch die enge Verwandtschaft in der Konzeption von Hirten- und
Bauernwelt.[71]

Die Erhöhung des realen Tarent zu einer idealen Welt bleibt auf
Vergil und Horaz beschränkt. Denn alle übrigen Schilderungen, die
Tarent als einen bevorzugten, durch seine Lieblichkeit, Fruchtbar-
keit und Ferne anziehenden Ort zeigen, wohin sich manche Römer
gern zum einsamen otium zurückziehen, lassen nicht die geringste
Spur einer allgemein gewordenen Idealisierung Tarents erkennen,
sondern bleiben ganz im realen Vorstellungsbereich der römischen
Villa und des gewöhnlichen römischen otiums.[72]

---

[71] Verg. georg. 3, 40f. entspricht ecl. 5, 58f., 10, 9f. usw.
[72] Sen. dial. 9, 2, 13. epist. 68, 5.

ZUSAMMENFASSUNG

In der ersten Odensammlung des Horaz erscheint die Landschaft, die den Dichter umgibt und sein Leben und Erleben in einem tiefen, inneren Wechselspiel anregt und aufnimmt, in doppelter Gestalt: als Dichterhain (Kap. 1) und als musischer Lebensbereich (Kap. 3).

Musischer Lebensbereich: Nicht nur vage landschaftliche Andeutungen, sondern konkrete Züge, geographische Eigenheiten und Namen, bestimmte Pflanzen und eine realistische Erfassung des Tierlebens, die aus dem römischen Sinn für das Landwirtschaftliche erwachsen ist, lassen in der Schilderung der realen Umwelt des Horaz italische Wirklichkeit lebendig und schaubar werden. Das Bild des römischen Villenlebens und otiums, das Horaz auf seinem Sabinergut, in Tibur, Praeneste oder gar in Tarent genießt, umfaßt sein ganzes wirkliches Leben und seinen Alltag. Der ideale Glanz, der sich durch die Kraft des griechischen Geistes, griechische Namen, poetisch verklärende Motive, durch Stil und Sprache über diese reale Landschaft ausbreitet und sie zu höherer Bedeutung erhebt, entspringt der persönlichen Erfahrung und dem Bewußtsein des Dichters, daß ihn die Musen, welche ihm die Gabe des Dichtens verliehen haben, auch in seinem alltäglichen Leben beschützen, seinen realen Daseinsbereich segnen und zu einer gotterfüllten Sphäre werden lassen.

Dichterhain: Von wesentlich anderer Art ist die Dichterlandschaft, in der dieselbe göttliche Macht durch die musische Inspiration auf den Dichter wirkt. Denn die Sphäre, in der sich dieses Unbegreifliche ereignet, erscheint in einem idealen Licht als Teil einer höheren, göttlichen Welt. Griechische literarische und mythische Motive kommen diesem Bedürfnis des Horaz entgegen, die von ihm selbst empfundene Göttlichkeit des Erlebnisses in würdiger Form zum Ausdruck zu bringen, und geben ihm zugleich die Möglichkeit, der Idee seines gottbegründeten Dichtertums in der Öffentlichkeit Geltung und Würde zu verschaffen. Auch diese Seite seines Dichtertums findet in einer Landschaft ihre Verwirklichung, in der die landschaftlichen Elemente zwar vag und allgemein, aber doch intensiv und italisch geprägt vorhanden sind und als inspirierendes Moment (carm. 3, 25) zu zentraler Bedeutung gelangen. Im stim-

mungserfüllten Erlebnis von Wald und Wasser ist ja persönliches
italisches Landschaftsempfinden spürbar.

Das eigenartige Auseinanderklaffen dieser beiden Welten ist um
so erstaunlicher, als doch gerade das Bewußtsein der untrennbaren
Einheit von Menschen- und Dichtertum, von menschlichen und
göttlichen Kräften im Dichter, die Dichterauffassung des Horaz
wesentlich auszeichnet. Aber auch in der Schilderung des Sabinums
(carm. 1, 17), wo diese Konzeption am deutlichsten faßbar wird,
ist die dichterische Gabe zwar als potentielle Anlage, aber in völ-
liger Ruhe vorhanden und gelangt nicht zur eigentlichen Verwirklichung, als ob Horaz sich scheute, das göttliche Inspirationserlebnis
auf den Boden der Wirklichkeit zu setzen.

Eine Vereinigung dieser Bereiche hat Horaz in der Schlußpartie
der Ode I 1 versucht, wohl kaum zufällig in einem der spätesten
Gedichte der ersten Sammlung, indem er den Musen- und Dichterhain nicht als den Ort einer momentanen, geistigen Entrückung,
sondern als Lebenswelt des Dichters darstellt. Aber wegen der hohen
Stilisierung und Idealisierung, die in der Schilderung zum Ausdruck
kommen und kaum Raum lassen für reale Züge, bleibt dies doch
nur ein Versuch, das Spannungsverhältnis zwischen idealer und
realer Welt zu lösen.

II. TEIL

Die zweite Odensammlung

(IV)

VORBEMERKUNGEN

Wenn wir die beiden Bilder der musischen Landschaft in der ersten Odensammlung, den Dichterhain und den musischen Lebensbereich, nun im vierten Odenbuch weiterverfolgen wollen, stehen wir vor der eigenartigen Tatsache, daß sich für beide Vorstellungen keine genauen Entsprechungen finden.

Zu einem Teil mag dieser Umstand mit der wesentlich veränderten Grundstimmung dieses reifen Alterswerkes (Jahre 17—13) zusammenhängen. Denn alles, was zur Zeit der früheren Oden noch in der Schwebe war, was durch harten Kampf errungen werden mußte, da das Ziel erst aus weiter Ferne winkte, ist hier Wirklichkeit geworden: Die augusteische Friedensidee, welche das goldene Zeitalter zurückzubringen versprach, ist nicht mehr nur ein Traum der Zukunft, sondern hat in der Herrschaft des Augustus reale Gestalt angenommen. Wenn die Schließung des Janustempels (29 v. Chr.) noch nicht den vollkommenen Frieden gebracht hatte, so bedeutete dann doch die Säkularfeier des Jahres 17, mit der Augustus aller Welt den Anbruch einer neuen, friedlichen Zeit vor Augen stellen wollte, den endgültigen Wendepunkt.

Dieser politischen Befriedung entspricht eine Lösung der inneren Zwiespältigkeiten und Spannungen in der Persönlichkeit des Dichters Horaz, so daß im Zusammenwirken einer äußeren, politischen und einer inneren, schöpferischen ἀκμή ein Werk von höchster klassischer Vollendung entstehen konnte. Dasselbe Ereignis des Jahres 17 nämlich, das in der Politik eine bedeutende Wende darstellt, hat Horaz persönlich die größte Anerkennung seines Dichtertumes gebracht, indem er im Auftrag, das Säkularlied zu dichten, eine Verwirklichung seines *vates*-Ideales erleben durfte.[1] Das oft überbetonte Selbstbewußtsein, das in der ersten Odensammlung und vor allem in der Schlußode III 30 neben dem kämpferischen Element wohl auch eine gewisse Unsicherheit birgt, und auch die Verbitterung, die ihn nach dem geringen Echo seines lyrischen Werkes der Öffentlichkeit und der Poesie entfremdet hatte,[2] machen nun einem ruhigen, seiner selbst gewissen und auch von außen anerkannten Dichtertum Platz.

---

[1] Vgl. o. S. 12f.   [2] Vgl. o. S. 33f.

Nachdem der Dichter als Verkünder göttlicher Weisheit, als
Musenpriester und Erzieher des Volkes Ehrung und Anerkennung
gefunden hat, dienen die programmatischen Äußerungen über
Dichtkunst und Dichtertum im vierten Odenbuch nicht mehr so sehr
der metaphysischen Begründung des Dichterberufes, sondern wenden sich ganz dem neu errungenen, harmonisch ausgewogenen Verhältnis des *vates* zur öffentlichen römischen Welt und Politik zu.
Die Bedeutung des Dichters für den Staat wird immer wieder behandelt, indem Horaz sich auch hier altgriechische Ideen zu eigen
macht: Der wichtige uralte Gedanke von der Unsterblichkeit des
Liedes, das auch dem Verherrlichten unsterblichen Ruhm verleiht,
erhält für ihn nun zentrale Bedeutung (vgl. carm. 4, 8. 4, 9),[3] wie
eine theoretische Äußerung im Brief an Augustus in höchst charakte-
ristischer, an die religiöse Sphäre anklingender Form zeigt: *sed
tamen est operae pretium cognoscere, qualis / aedituos habeat belli
spectata domique / virtus* (epist. 2, 1, 229ff.). Im panegyrischen
Preis auf Tiberius und Drusus (carm. 4, 4. 4, 14), in der Widmung
der meisten Oden an große Römer und vollends in der Verherr-
lichung der *Pax Augusta*, deren Wesen und Stimmung in das dichterische Wort und Bild einzufangen ihm auf vollkommenste Weise
gelingt (carm. 4, 5. 4, 15), erfüllt er diese Aufgabe ganz.

Da Horaz sein Dichtertum in diesen späten Oden vor allem in
der harmonischen Wechselbeziehung zu Staat und Politik empfindet
und darstellt, ist es verständlich, daß die persönlich-menschliche
Seite seines Dichterlebens und das innere, geistige Verhältnis des
Dichters zur Gottheit, das im Dichterhain und im musischen Lebensbereich seine bildhafte Gestaltung gefunden hat, fast völlig zurücktreten.

Ein Ort aber erhält in diesen Gedichten der späten Reife eine
neue, zentrale Bedeutung: Tibur. Die Landschaft von Tibur erscheint in den Oden IV 2 und IV 3 in einem neuen, ungewohnten
Licht und in einer tiefen Beziehung zu Horazens Dichtertum.

Um das horazische Bild von Tibur richtig würdigen und in seiner
Wandlung begreifen zu können, müssen wir uns die realen Gegebenheiten dieser Stadt und ihre Bedeutung in der frühkaiserzeit-

---

[3] FRAENKEL 422ff.: bei Horaz in der Ode III 13, 13 (*fies nobilium tu
quoque fontium me dicente* ...) zum ersten Mal leise angetönt.

lichen Gesellschaft vergegenwärtigen, die uns in den Äußerungen von Dichtern und Schriftstellern einigermaßen faßbar sind.

1. Die römische Villenstadt Tibur

Zur Zeit des Horaz war Tibur[4] eine der bedeutendsten und beliebtesten Villenstädte, deren landschaftliche Schönheit und vorzügliche Lage so nahe bei Rom die großen Herren seit republikanischer Zeit angezogen hatten.[5] Von der einstigen politischen Bedeutung dieser Latinerstadt, war damals wenig mehr zu spüren.[6] Außerhalb der eigentlich historischen Darstellungen spiegeln sich bei Vergil im Ausdruck *Tibur superbum* (Aen. 7, 630) und in der bedeutenden Stellung, welche diese Stadt auf latinischer Seite im Kampf gegen Aeneas einnimmt, ihre einstige Größe wider. Von den Dichtern werden vor allem die landschaftlichen und klimatischen Vorzüge dieser Stadt gepriesen. Aus der Vorgeschichte ist für sie bezeichnenderweise nur die Gründung wesentlich, die sich sagenhaft an die Nachkommen des Argivers Amphiaraos, seinen Sohn Catillus oder die drei Enkel Catillus, Tiburnus (oder Tiburtus) und Coras anknüpft.[7]

Die große Beliebtheit verdankt Tibur seiner einzigartigen Lage:[8] Es ruht auf einer Terrasse der äußersten Kette der Sabinerberge in mittlerer Höhe. Horaz nennt es sehr bezeichnend *Tibur supinum* (carm. 3, 4, 23) „zurückgebeugt, an den Abhang gelehnt".[9] Steil fällt die Bergterrasse ab, sodaß der Eindruck einer thronenden Burg entsteht: *proni Tiburis arce* (Iuv. 3, 192), *summa ... Tiburis arce*

---

[4] RE 2. R. 11. Hdb., 1936, 816—41 (St. Weinstock). — E. Bourne, A study of Tibur, Diss. Johns Hopkins Univ. 1916. — Petrocchi 19ff., 99ff. usw.

[5] Cicero spricht von Villen in Tibur: de orat. 2, 224; 263. Cluent. 141. Phil. 5, 19. Ebenso Catull. 44. Stat. silv. 1, 3. vgl. Nissen II 613f.

[6] Zur Geschichte von Tibur: RE a. O. 819ff. Nissen II 612.

[7] Vgl. o. S. 120.

[8] Landschaft von Tibur: Nissen II 610ff.

[9] Petrocchi 219: „... effettivamente chi guardi Tivoli dall' alto e dal basso appare veramente giacente, sdraiata lungo i colli". — Klingner 379: „Tibur am Bergeshang". — Georges, Handwörterb.: „hingelehnt, schräg hingestreckt". — Falsch Koch, Wörterbuch zu Horaz, Hannover 1879[2]: „gesenkt, abfallend"; diesen Aspekt meint Iuv. 3, 192 mit *pronus*.

(ders. 14, 87). Über die abschüssigen Wände stürzen sich mächtig die Wasser des Anio, heute in drei künstlich gefaßten Fällen, im Altertum und bis ins 19. Jahrhundert in einer gewaltig zerklüfteten, durchfressenen Schlucht.[10] Von der Berglehne aus bietet sich ein weiter, beruhigender Ausblick über die flache Campagna zur Stadt Rom und weit hin bis zum Meer. Die mittlere Höhenlage läßt die Ebene nicht nur als eine indifferente Fläche erscheinen, sondern in größerer Nähe wenigstens ihre Konturen sichtbar werden. Und die Römer bevorzugen ja die leicht erhöhte Terrassenaussicht vor der Vogelperspektive, welche die Neuzeit vor allem fasziniert.[11]

Die erhöhte Lage macht Tibur für die Sommerfrische zum besonders geschätzten Ort,[12] dessen reine Luft und kühle Temperatur vor allem gepriesen wird: *gelidum ... Tibur* (Mart. 4, 64, 32 vgl. 4, 60, 3f.). Auch im beliebtesten Beiwort von Tibur *uvidus / udus* (Hor. carm. 3, 29, 6. 4, 2, 30. konkreter carm. 1, 7, 13f. Ov. fast. 4, 71. Priap. 76, 9) schwingt die Empfindung der kühlen Luft mit, die durch die belebende Frische des vielen Wassers gesteigert wird.[13] Der Wasserreichtum ist nämlich die hervorragendste Eigenschaft von Tibur, welche die Dichter immer wieder in ihren verschiedensten Aspekten schildern:[14] Der Anio zieht sich in einer großen Schleife um das Stadtgebiet herum[15] und umgibt dieses also von drei Seiten mit seinen rauschenden Wassern, die das Landschaftsbild prägen, die Vegetation und Felder fruchtbar machen und im heißen Sommer eine erfrischende Kühle ausstrahlen.

---

[10] Strabo 5, 238 spricht nur von e i n e m Katarakt. Korrektur wegen Hochwassergefahr (vgl. Plin. epist. 8, 17) durch Papst Gregor XVI. 1835.

[11] Die Villen liegen meist der Aussicht wegen auf halber Berghöhe. Aussicht: Cic. Att. 14, 13, 1. ac. 2, 80. Hor. epist. 1, 11, 26. Plin. epist. 2, 17, 21. 9, 7. Vgl. MARXER a. O. 103f.

[12] Mart. 4, 57, 9f. 5, 71, 6.

[13] Weiter Bedeutungsbereich des Attributes, vgl. o. S. 83.

[14] Außer den bereits zitierten Stellen: Hor. carm. 1, 7, 12ff. Prop. 3, 16, 4. 4, 7, 81. Ov. am. 3, 6, 45f. Sil. 4, 224f. 10, 363. 12, 538ff. Plin. epist. 8, 17, 3.

[15] *quae Tibur aquae fertile praefluunt* Hor. carm. 4, 3, 10; zur Bedeutung von *prae-fluere* H. BLASE, Wochenschr. f. klass. Philol. 33, 1916, 283f., 306f.: „vor der Stadt durchfließen, an ihrem Gebiet entlangfließen" (nicht gleichbedeutend mit *praeter-fluere*!), besonders deutlich bei Tac. ann. 12, 33; bei Hor. außerdem in carm. 4, 14, 26.

Die Ode I 7 des Horaz gibt in wenigen Versen eine ausnehmend konkrete und anschauliche Vorstellung dieser Landschaft. In einer weitausgreifenden Priamel erklingen die Namen der berühmtesten Städte, die alle hinter Tibur zurückstehen. Kein Vorzug einer Stadt oder einer Landschaft hat einen so tiefen Eindruck auf Horaz gemacht wie Tibur:

> (me) nec tam ... percussit ...
> quam domus Albuneae resonantis
> et praeceps Anio ac Tiburni lucus et uda
> mobilibus pomaria rivis   (V. 11—14)

Diese Schilderung Tiburs, die von lebendigen, individuellen Zügen erfüllt ist wie kaum sonst bei Horaz oder den anderen römischen Dichtern, kann uns ein gutes Bild von seiner Bedeutung vermitteln und zeigen, was Horaz und die Römer überhaupt an dieser Landschaft so mächtig angezogen hat: Es ist vor allem das Wasser, das in seinen verschiedenen Formen im Zentrum des Erlebnisses steht. An erster Stelle wird hier der Wasserfall erwähnt, in auffallend kurzem und allgemeinem Ausdruck, der das großartige Naturphänomen nur leicht antönt: *praeceps Anio.* Die Erwähnung der Nymphe *Albunea*[16] fügt zu allem Anfang die Naturgewalt in einen von göttlicher Macht beherrschten Bereich und nimmt ihr dadurch ihre elementare, unheimliche Wildheit. Der große Unterschied zum modernen Landschaftsempfinden wird uns gerade hier sehr bewußt: Der einstige wilde Wasserfall, der aus steiler Höhe in den dichten Wald stürzend den weichen Kalkstein zu mächtigen Höhlen und Schründen ausgefressen hat, übte auf spätere Zeiten eine ungleich größere Wirkung aus, von der die vielen Gemälde aus romantischer Zeit beredtes Zeugnis ablegen. Auch die heute beinahe wasserleere Schlucht hat in ihrer wilden Schönheit ihren Reiz nicht verloren. Die Römer hingegen erwähnen den Wasserfall selten.[17] Denn die *amoenitas,* die sich in der tiburtinischen Landschaft auf eigentümliche Weise mit dem Wilden verbindet, hat sie weit mehr angesprochen. Während in den meisten Schilderungen von Horaz und anderen überhaupt nur die milde, liebliche Seite erfaßt ist, hat

[16] RE a. O. 833ff.
[17] Hor. carm. 1, 7, 13. Sil. 12, 538. Stat. silv. 1, 3, 20ff.

Horaz in unserer Ode auch das Wilde leise angetönt; sein Haupt-
interesse gilt aber dem sanften, fruchtbaren Talgrund unter der
Stadt mit den Obstgärten, die der beruhigte Anio durchfließt und
bewässert.[18] Auch hier ist es wieder das Wasser, das in anderer
Weise die Landschaft von Grund auf prägt. In den kurzen drei
Versen gibt Horaz also eine recht genaue, ins Einzelne gehende
Schilderung von Tibur, wie sie in der ersten Odensammlung sonst
nirgends zu finden ist. Vor allem auch die Namen von tiburtinischen
Lokalitäten geben dem skizzierten Bild größere Bestimmtheit. Mit
dieser Landschaft ist unverwechselbar Tibur gemeint. Dabei fügt
sich auch der Hain des Stadtgründers Tiburnus zwanglos in die sehr
konkrete und bereits zu Beginn in die religiöse Sphäre gelenkte
Schilderung. Götterverehrung und alte Tradition verleihen der
landschaftlichen Realität eine höhere Würde.

Während Horaz hier nur einen begrenzten Teil des Waldes, den
heiligen Hain, erwähnt, spielen sonst bei ihm und bei anderen[19]
auch die weiten Wälder von Tibur, die im Altertum Landschaftsbild
und Klima wesentlich bestimmten, eine große Rolle. Heute ist nur
noch wenig davon zu spüren an den abschüssigen Stellen, wo das
Roden unmöglich war. Sonst ist überall durch unvernünftiges Ab-
holzen der Wald verschwunden und der dürre, kärgliche Kalkboden
bloßgelegt. Damit hat Tibur ein erfrischendes und belebendes Element verloren.

Horaz hat also in der tiburtinischen Landschaft die lieblichen
Züge vereinigt gefunden, die ihn überall am meisten ansprechen:
Wald, Wasser und Fruchtbarkeit,[20] sodaß uns seine tiefe Zuneigung
zu diesem Ort leicht verständlich wird. Kein Naturerlebnis gibt
Horaz mit einem so starken Wort wieder wie die Erschütterung,
die er durch Tibur erlebte (*me percussit*). Mag die Intensität auch

---

[18] Ähnlich Ov. am. 3, 6, 45f.; Obstgärten sind auch erwähnt bei Properz
4, 7, 81. Sil. 4, 224f. — Horaz carm. 1. 18, 2 *mite solum,* für Reben. —
Vgl. NILSSON, mobiles rivi, Eranos (Uppsala) 43, 1945, 301ff. — N. hat
gezeigt, daß mit den mobiles rivi die künstl. u. systematisch geregelten
Bewässerungskanäle gemeint sind: „cum aqua per vices ex aliis agris in
alios m o v e r e t u r, rivi hoc sane modo m o b i l e s erant".

[19] Hor. carm. 1, 7, 20f. 4, 2, 30. 4, 3, 11. Stat. silv. 1, 3, 17ff. Plin.
epist. 8, 17, 3.

[20] Vgl. o. S. 84ff., 90.

Ausdruck des jungen Horaz sein,[21] so wird doch deutlich, wie früh er zu Tibur bereits eine enge Beziehung hatte. In der bedeutend späteren Ode II 6, in der er sich Tibur zum Alterssitz wünscht, ist es nicht so sehr die landschaftliche Schönheit, die den Horaz lockt als die griechische Atmosphäre der hohen römischen Gesellschaft.[22] Aus der Epistel I 7, 44f., die jener Ode zeitlich nahe steht, und aus der Epistel I 8, 12 wird deutlich, daß Horaz oft in Tibur war, gewiß auf der Durchreise nach seinem nicht weit entfernten Sabiner-gütchen und wohl manchmal auch für längere Zeit, da Mäzen und andere Freunde dort Villen besaßen. Die Vorliebe für Tibur, das von allen italischen Villenstädten am häufigsten erwähnt wird, tritt uns im ganzen Werk des Horaz in immer neuen Ausprägungen entgegen.[23]

Daß Horaz auch in Tibur eine Villa besessen habe, wie in der modernen Forschung mit Berufung auf eine Suetonnotiz weiterum angenommen wird,[24] kann aus seiner Dichtung nirgends mit Gewiß-heit erschlossen werden, ja ist recht unwahrscheinlich, wenn wir die Bedeutung von Tibur[25] und dem Sabinum miteinander ver-gleichen:

[21] Zur Datierung KH Einleitung zur Ode: nach Actium; Pasquali 730: um die Zeit von Actium; R. Hanslik PhW 58, 1938, 670ff. sogar ins Jahr 35. Zum Ganzen vgl. o. S. 98f. m. Anm. 71.

[22] Vgl. o. S. 120.

[23] Sämtliche Stellen: carm. 1, 7, 12ff. 2, 6, 5ff. 3, 4, 23. 1, 18, 1f. 3, 29, 6 (1. Sammlung). epist. 1, 7, 45. 1, 8, 12. (2, 2, 3). carm. 4, 2, 30f. 4, 3, 10ff. (2. Sammlung).

[24] Sueton-Vita bei Klingner p. 3, 18 sq. Zum Problem der Villa in Tibur: RE a. O. 840, 52ff. Literatur bis 1935; Späteres im Nachtrag zu den Oden von Burck S. 587; ferner: N. I. Herescu, Tibur in Orazio e nella poesia latina, RivFil. 14, 1936, 41ff., Noterella Ora-ziana, Diskussion über ältere Thesen, bes. von C. Iullian, der die tiburtinische Villa mit der sabinischen gleichsetzt.
Gegen eine Villa in Tibur: G. Lugli, Mon. ant. R. Acc. dei Lincei 31, 1926/7, 473ff.
Für eine Villa in Tibur (in neuerer Zeit): Wili 372f., 257 Anm. 1. — Hommel 57f., Anhang (Tibur) 124/5. — Petrocchi 39ff. (dazu negativ D. Wachsmuth, Gnomon 31, 1959, 741ff.). — Keine feste Stellung-nahme: KH im Komm. zu carm. 1, 7, 12. — R. L. Dunabin ClRev. 47, 1933, 55—61. — Herescu a. O.

[25] Zunächst werden hier vor allem die erste Odensammlung und die Episteln in Betracht gezogen.

Ein zunächst recht äußerlicher, aber doch vielsagender Unterschied liegt in der ungleichen Stellung, welche die beiden Orte in der Gesamtheit eines horazischen Gedichtes einnehmen. Tibur wird meist nur beiläufig neben anderen Villenorten genannt und ist immer nur ein Punkt in der Gedankenbewegung.[26] Die Schilderungen des Sabinums hingegen sind meist viel gewichtiger und umfangreicher und bilden nicht selten die gedankliche Mitte.[27] Diese vollkommen verschiedene Stellung der beiden Orte ist verbunden mit einer deutlichen Verschiedenheit ihrer Charakterisierung.

Eine so geschlossene und lebenserfüllte Welt, wie sie in der Ode I 17 oder auch in der Epistel I 16, 1—16 das Sabinum darstellt, finden wir bei Tibur nirgends. Eine Fülle realistischer und landwirtschaftlicher Einzelheiten gibt dem Sabinergut eine anschauliche Vorstellung der Umgebung und des Villenlebens: Es weiden dort die Ziegen des Horaz (carm. 1, 17, 3f.) und anderes Vieh (carm. 3, 13, 11. 3, 18, 13. epist. 1, 16, 10); sie werden von Schlangen oder Wölfen bedroht (carm. 1, 17, 8ff. 3, 18, 13) oder suchen im kühlen Hain (carm. 1, 17, 5) oder am Wasser Erfrischung (carm. 3, 13, 10ff.). Die nieversiegende, lebenspendende Quelle (carm. 3, 13. sat. 2, 6, 2) und auch der Acker (carm. 3, 16, 29f. sat. 2, 6, 2. epist. 1, 14, 1; 4f.; 23ff.) spielen eine große Rolle. Der echt römische landwirtschaftliche Sinn für die Nutzung des Bodens wird vielerorts deutlich. Die Felsen des Ustica, einzelne bestimmte Bäume und auch der Fluß Digentia, der bei Hochwasser mit viel Mühe eingedämmt werden muß (epist. 1, 14, 29f.), verleihen dem Landschaftsbild Farbe und Anschaulichkeit und die Atmosphäre wirklichen Landlebens.

Diese landwirtschaftliche Wirklichkeitsnähe fehlt bei Tibur und auch die Landschaft bleibt durch vage Andeutungen in einiger Distanz:

udum Tibur   carm. 3, 29, 6.

circa mite solum Tiburis et moenia Catili   carm. 1, 18, 2

Tibur supinum   carm. 3, 4, 23

---

[26] Neben Aefulae und Tusculum in carm. 3, 29, 6ff. — Neben dem Sabinum, Praeneste, Baiae in carm. 3, 4, 21ff. in carm. 1, 18 Ausgangspunkt; in carm. 2, 6 eine Möglichkeit der Lebensverwirklichung; Tarent wird dort aber viel ausführlicher geschildert.

[27] carm. 1, 17. 3, 13. epist. 1, 16, 1—16. 1, 14. 1, 18, 104ff.

densa ... Tiburis umbra tui   carm. 1, 7, 20f.

Tibur Argeo positum colono   carm. 2, 6, 5

vacuum Tibur   epist. 1, 7, 45

Allein die Ode I 7, in der sich bestimmte Einzelheiten und sogar leise, wenn auch ganz allgemein gehaltene landwirtschaftliche Andeutungen (Obstgärten, künstliche Bewässerung) ohne Bezug auf Horaz finden, macht eine Ausnahme.

Aus dem fast völligen Fehlen der landwirtschaftlichen Note bei Tibur, die auf dem Sabinum so wichtig ist, dürfen wir wohl schliessen, daß Tibur in Horaz persönlich nicht die Vorstellung eines mit dem Boden verbundenen Landlebens erweckte, wie sein Gut in den Sabinerbergen. Bei Tibur fehlt ihm das eigene landwirtschaftliche Erlebnis, das zum echten Villenleben der Römer, insbesondere des Horaz gehört.[28] Deshalb ist es unwahrscheinlich, daß er auch dort eine Villa besaß. Das Bild, das Horaz von Tibur gibt, fügt sich viel eher in die Schilderungen der anderen Villenorte, Baiae, Praeneste, Tusculum usw., die er bevorzugte und öfter besuchte, ohne selbst dort eine Villa zu besitzen. Denn auch diese Städte erhalten durch unbestimmte, meist adjektivische Attribute eine allgemeine Charakterisierung ihrer Lage, ihres Klimas oder ihrer griechischen Gründung.[29]

Ein weiterer, noch tiefer greifender Unterschied liegt in der persönlichen Beziehung des Horaz zu den beiden Örtlichkeiten, die in seinem Leben einen wesentlich verschiedenen Raum einnehmen: In der Ode I 17 ist vor allem deutlich geworden, wie der Mensch mit seinem ganzen Wesen, seinen Gewohnheiten und seinem Alltag in dieser glücklichen und friedlichen Sabinerwelt geborgen und mit ihr eng verbunden ist. Er ist die Seele dieses stillen Bereiches, von der alles Leben ausströmt und in die es mündet. Bei Tibur hingegen finden wir nichts Vergleichbares, nirgends eine so harmonische innere Einheit von Mensch und Landschaft. Die Ode I 7, welche die lebendigste Schilderung von Tibur und den Eindruck auf den

---

[28] BORCHARDT a. O. 46.

[29] *liquidae ... Baiae* carm. 3, 4, 24; *Bais ... amoenis* epist. 1, 1, 83. — *frigidum Praeneste* carm. 3, 4, 22f. (vgl. epist. 1, 2, 2). — *Aefulae declive ... arvum* carm. 3, 29, 7f. — *Telegoni iuga parricidae* ebd. V. 8. *Tusculi Circaea ... moenia* epod. 1, 29f.

Dichter selbst gibt, läßt in der Wendung *Tiburis tui* (V. 21) eine deutliche Distanz erkennen, und in der Ode II 6 findet sich nur ein schwacher Ansatz einer inneren Verbindung, da Tibur sogleich hinter dem ausführlich geschilderten Tarent zurücktritt. Auch die vielen Einzelzüge des Alltages, die das Sabinum erfüllen, fehlen bei Tibur; nie ist die Rede davon, daß Horaz in Tibur Wein trinkt, einen Freund oder eine Freundin zum Gelage einlädt oder allein im Grase ruhend die Musse genießt wie auf dem Sabinum.[30] Auch eine Verankerung in philosophischen Anschauungen, wie sie das Sabinum im ersten Buch der Episteln erfahren hat, fehlt im Tiburbild völlig.[31] Oft betont Horaz, wie er auf seinem Sabinergut wieder zu sich selbst kommen kann, da es ihm Zeit und Stille gewährt, seine Gedanken auf sich selbst und seine Lebensfragen zu lenken.[32] Indem es ihm auf diese Weise die Möglichkeit gibt, ein philosophisches, wahres Leben, zu dem eine enge Verbundenheit mit dem Lande gehört (epist. 1, 10), zu verwirklichen, wird das Sabinum, nicht Tibur, zum Inbegriff seines philosophischen Lebensideales. Diese zentrale Bedeutung, die das Sabinum während der Zeit des ersten Epistelbuches gewinnt, zeugt deutlich davon, daß in jenen Jahren das Sabinergut für Horaz noch der einzige Ort für ein wirkliches, dauerndes Landleben war.

Eine wesentlich andere Beziehung des Horaz zu Tibur spricht aus der 2. und 3. Ode des 4. Buches. Wie diese neue Bindung zu verstehen ist, und ob die ausschließlich biographische Erklärung, Horaz habe Ende der Zwanzigerjahre dort eine Villa erworben oder als Geschenk erhalten,[33] die neue Bedeutung dieses Ortes wirklich zu erfassen vermag, soll eine eingehende Interpretation jener Oden zeigen.

---

[30] carm. 1, 17. sat. 2, 6. epist. 1, 16, 10. 1, 14, 35.
[31] F. WEHRLI, Horaz und Kallimachos, MusHelv. 1, 1944, 75f. — MARTENS a. O. 108ff.
[32] epist. 1, 14, 1. 1, 16, 1—16 als Verwirklichung der Theorie (V. 17—79); in ähnlichem Sinn epist. 1, 18, 96—103 zu 104—112.
[33] Vgl. o. S. 137 Anm. 24. — So PETROCCHI 42: „Queste due odi costituiscono veramente la chiave di volta, anzi di soluzione del problema della residenza tiburtina di Orazio".
      WILI 257 Anm. 1, zur Ode IV 2: „Die Stelle ist durch v. 31 (wiederholt in c. IV, 3, 10!) Beweis dafür, daß Horaz im Alter wirklich in Tibur gelebt hat, entsprechend der Mitteilung von Sueton ...".

2. *Tibur in der Ode IV 3*

Das persönliche Leben und Dichtertum des Horaz, das im großen Musengedicht (III 4) als ein Teilbereich des weltumfassenden musischen Wirkens dargestellt und dem großartigen Kosmos der augusteisch-olympischen Friedensidee eingeordnet wird, ist im kleinen Musengedicht (IV 3) zum zentralen Thema geworden.

Die öffentliche Anerkennung des Jahres 17 hat den inneren Zwiespalt, der den Horaz seit dem Zusammenbruch bei Philippi (J. 42) erfüllt und zwischen Ekel und Zuneigung, zwischen bewußtem Sich-Fernhalten und angestrengten Näherungsversuchen hin und her gerissen hatte, endlich völlig gelöst:[1] Eine Rückkehr zum Staatsleben und -wirken, das für einen Römer das Höchste bedeutet, ist für ihn als *vates* (carm. 4, 3, 13f.) und *Romanae fidicen lyrae* (ebd. V. 23) möglich geworden. Das direkte und ausgewogene Verhältnis des Horaz zur politischen Welt, das nicht mehr nur ein ferner Traum, sondern seit dem Säkularlied Wirklichkeit geworden ist, findet in der Ode IV 3 seinen schönsten und geschlossensten Ausdruck.

> Quem tu, Melpomene, semel
>   nascentem placido lumine videris,
> illum non labor Isthmius
>   clarabit pugilem, non equos inpiger
>
> curru ducet Achaico   5
>   victorem, neque res bellica Deliis
> ornatum foliis ducem,
>   quod regum tumidas contuderit minas,
>
> ostendet Capitolio:
>   sed quae Tibur aquae fertile praefluunt   10
> et spissae nemorum comae
>   fingent Aeolio carmine nobilem.

---

[1] V. Pöschl, Horaz und die Politik SBHeid. Ak. d. Wiss. (Phil.-hist. Kl.) 1956, 4 (2. Aufl. 1963).

Romae, principis urbium,
  dignatur suboles inter amabilis
vatum ponere me choros,   15
  et iam dente minus mordeor invido.

o testudinis aureae
  dulcem quae strepitum, Pieri, temperas,
o mutis quoque piscibus
  donatura cycni, si libeat, sonum,   20

totum muneris hoc tui est,
  quod monstror digito praetereuntium
Romanae fidicen lyrae;
  quod spiro et placeo, si placeo, tuum est.

Den ersten Teil (Str. 1–3) erfüllt eine mächtige Priamel, in der
die höchsten, allgemein anerkannten Werte der griechischen und
römischen Welt dem Dichtertum gegenübergestellt werden. Diese
dem Wesen des Horaz entsprechende Kompositionsform erinnert
an die Ode I 1,[2] wo sie ihm ebenfalls die Möglichkeit gegeben hat,
seinen Dichterberuf von Leben und Treiben der gewöhnlichen Menschen abzuheben und ihm durch eine großangelegte Steigerung
Würde zu verleihen. Die straffe Gedankenführung und die Be-
schränkung auf wesentliche, bedeutungsschwere Motive lassen jedoch hier, im Gegensatz zum bunten Bilderreichtum des früheren
Gedichtes, deutlich den reifen Meister des vierten Odenbuches erkennen.[3] Der Gedanke gleitet von der lebendigen, ausdrucksvollen
Darstellung der griechischen Sieger und des römischen Triumphators,
dem auf dem Capitol die größte Ehrung zuteil wird, zum Dichtertum über, dessen Ruhm sich auf eigenartige Weise an Tibur knüpft,
und findet dort seinen Höhepunkt und vorläufige Ruhe. Obgleich
im ersten Teil scheinbar ganz allgemein vom Dichter gesprochen
wird (V. 1f. 10ff.), weist doch der Name Tibur bereits unmißverständlich auf Horaz und bereitet den Übergang zum zweiten Teil
vor (Str. 4–6), der die allgemein gefaßten Gedanken des ersten

---

[2] Vgl. o. S. 32.
[3] Wie wir ihn in IV 5 und 15 haben, dazu WILI 366ff.

aufnimmt und ihre Bedeutung im persönlichen Leben und Dichtertum des Horaz zeigt: Die unbestimmte Verheißung des Ruhmes (*fingent ... nobilem* V. 12) ist für Horaz bereits in Erfüllung gegangen durch die große Anerkennung in Rom, besonders von seiten der Jugend (V. 14f.), da allgemein der Neid einer Bewunderung des *Romanae fidicen lyrae* gewichen ist (V. 23f.). Die erneute Hinwendung an die Muse (V. 17ff.) nimmt den Anruf der ersten Verse auf und läßt die Ode zu einem hymnischen Preis auf die Gottheit aufsteigen, die dem Dichter Sangeskraft und schöpferischen Odem verleiht und ihm zum Erfolg verholfen hat. Im letzten Vers sind diese beiden wesentlichen Linien des Gedichtes, musische Kraft und öffentliche Anerkennung, zusammengeführt in eine echt horazische Wendung: *quod spiro et placeo, si placeo, tuum est;* denn in diesen Worten schwingen Stolz und Bescheidenheit, die beide aus dem Bewußtsein der göttlichen Gnade erwachsen und das Dichtergefühl des Horaz von Grund auf bestimmen.

Im Netz der mannigfachen Beziehungen der einzelnen Strophen untereinander ist am markantesten die Verbindung und betonte Mittelstellung der 3. und 4. Strophe, welche die beiden Teile (Str. 1—3 und 4—6) eng aneinander klammern. Während die 5. Strophe mit dem Neueinsetzen des hymnischen Anrufes einen deutlichen Einschnitt bringt, ist der Übergang vom Gedichtanfang her fließend (Str. 2/3): Das zweite Glied der Priamel ragt mit seinem gewichtigsten Teil in die dritte Strophe hinein — *ostendet Capitolio* — dem großen Zeichen der römischen Macht,[4] das in der vierten Strophe durch *Romae principis urbium* aufgenommen wird. Diese deutliche formale Parallelisierung *Capitolio — Romae* erfüllt ihren Sinn jedoch nicht in der kompositionellen Gliederung der Ode allein, sondern hebt darüber hinaus eine wesentliche, inhaltliche Entsprechung hervor. Triumphator und Dichter stehen in betonter Parallele, indem beiden in Rom Anerkennung zuteil wird.

Dieser Gedanke wird auch sonst bei Horaz an bedeutender Stelle geäußert. In der Ode III 30, dem Schlußgedicht der ersten Sammlung, das die Erfüllung der hochgespannten Hoffnungen (Ode I 1) in stolzesten Tönen preist, läßt Horaz sich von der Muse mit dem Lorbeer, dem Siegeszeichen des Triumphators, bekränzen — *mihi*

---

[4] carm. 3, 30, 8f. 3, 3, 42ff.

Delphica / lauro cinge volens, Melpomene, comam (V. 15f.) — statt
mit dem üblichen Efeu wie in der Einleitungsode (carm. 1, 1, 29).[5]
Im Unterschied der beiden Kränze bringt Horaz symbolisch zum
Ausdruck, wie er durch seine hohe lyrische Dichtung, die aus dem
rein persönlichen Kreis der leichten Muse[6] herausgetreten und zu
öffentlicher Bedeutung gelangt ist, von einem beliebigen Dichter
zum römischen *vates* geworden ist.[7]

Eine Gegenüberstellung von Triumphator und Dichter findet
sich jedoch nicht nur bei Horaz. Vor ihm hat bereits Vergil den
Gedanken gestaltet im eigenartigen Bild des bedeutenden Pro-
ömiums zum dritten Buch der Georgica (V. 10ff.). Dort stellt er
sich vor, wie er im Triumphzug die Musen vom Helikon herab
nach Mantua, seiner Heimatstadt führt, um dort dem Augustus den
gelobten Tempel zu errichten und Wettspiele zu veranstalten.[8] Die
berühmten griechischen Festorte sollen nach Oberitalien kommen
(V. 19f.), und der Dichter selbst wird als Triumphator und Sieger
im Wettkampf mit Oliven bekränzt erscheinen (V. 21). Die Vorstellung griechischer Feierlichkeit adelt das römische Fest, und die
Motive, die bei Horaz getrennt nebeneinanderstehen — Sieger der
griechischen Wettspiele, Triumphator, Dichter — sind hier in einem
phantastischen Bilde in der Person des Vergil vereinigt.[9] Properz
verwendet das Motiv des Dichters als Triumphator bereits als einen
geläufigen Topos;[10] Vergil und Horaz hingegen erkämpfen mit
diesem Anspruch dem dichterischen Schaffen in der römischen Gesellschaft öffentliche Geltung und Anerkennung: Das geistige Wirken, das bisher an Achtung weit unter der praktischen, politischen
Tätigkeit stand, wird von ihnen auf dieselbe Stufe mit den höchsten

---

[5] Vgl. o. S. 58 mit Anm. 108.

[6] Vgl. Hor. carm. 1, 6, 9f. 2, 1, 37ff.

[7] In der Ode I 1 nur angedeutet, weniger scharf: Der olympische
Wagensieger und der römische Konsular sind als erste in einer langen
Reihe dem Dichter kompositionell gegenübergestellt.

[7] Vgl. Hor. carm. 1, 6, 9f. 2, 1, 37ff.

[8] Die Interpretation der ganzen Stelle ist umstritten. CONINGTON im
Komm. zu Verg. georg. (London 1881[4]) und BÜCHNER RE 2. R.
16. Hdb., 1958, 1291, 45ff. sehen in *victor* den Triumphator, während
RICHTER im Komm. zu Verg. georg. (München 1957) das Wort ausschließlich auf den Sieger im Dichterwettkampf bezieht.

[9] FRAENKEL 265f.   [10] 3, 1, 9f. Lorbeerkranz: 4, 6, 10.

politischen und strategischen Erfolgen gesetzt. Wie der Feldherr mit
Waffen und Kriegsmacht um das Bestehen des Staates, um Frieden
und Sicherheit kämpft, so wirkt der *vates* mit geistigen Kräften an
der Reorganisation des Staates und des Imperiums. Er hilft mit,
ein innerlich gesundes, sittlich sauberes Menschentum zu formen, und
er tritt vor allem als Erzieher der jungen Generation auf. Nicht
zufällig also ist Horaz der Erfolg bei den Nachkommen so wichtig.[11]
Auf diese Weise haben die Augusteer die Idee des altgriechischen
Dichtertums durch römischen Gehalt vertieft und auch die Parallelen König — Dichter oder Fürst — Dichter, die bereits bei Hesiod
und Pindar gezogen werden,[12] aufgenommen und in römischem
Sinne umgeformt. Diese hohe Anerkennung der dichterischen Leistung ist für römische Verhältnisse eine ungeheuer kühne Forderung,
die nur unter der Herrschaft eines Augustus ausgesprochen und erfüllt werden kann. Denn der Princeps selbst mißt der Dichtung
eine große Bedeutung und ein weites Wirkungsfeld zu.[13] Aus der
späten horazischen Ode IV 3 sprechen deshalb Ruhe und Gewißheit
der Erfüllung:

Rom hat wie den siegreichen Feldherrn so auch den Dichter voll
und ganz aufgenommen, da es ihm im entscheidenden Ereignis der
Säkularfeier neben dem Princeps eine ausgezeichnete Stellung verliehen hat; Rom, die Hauptstadt der Welt, deren Echo und Anerkennung Horaz als Dichter notwendig braucht, hat ihm die lange
erträumte Schätzung und Würdigung endlich gewährt.

Diesem Rom, das für Horaz das Ziel seines Strebens und Schaffens ist, steht in unserer Ode Tibur, in welchem sein Dichterruhm
wächst, bedeutsam gegenüber. Tibur (Str. 3) und Rom (Str. 4), die
private, persönliche Sphäre des Dichters und die öffentliche, politische Welt, die beiden Gegenpole im Leben des Horaz, erfüllen also
die kompositionell betonte Mitte dieser Ode.

Überraschend erscheint im dritten Glied der Priamel, das den
Dichter neben den Sieger und den Triumphator stellt, die tiburtinische Landschaft statt eines abstrakten Begriffes für das Dichter-

---

[11] carm. 4, 3, 14f.; allgemeiner: carm. 2, 19, 2. 3, 1, 4. 3, 24, 50ff.
[12] Hes. theog. 80ff. 94ff. Pind. Ol. 1, 111ff. 11, 10. Pyth. 2, 96. — H.
Gundert, Pindar und sein Dichterberuf (Frankfurter Studien zur Religion und Kultur der Antike 10) Frankfurt a. M. 1935, 62; 73.
[13] R. Heinze, Die augusteische Kultur, 107f.

tum, der den Wendungen *labor Isthmius* (V. 3) und *res bellica*
(V. 6) entspräche. Auch wenn wir bedenken, daß ein Abstraktum
für das dichterische Schaffen wie etwa das griechische ποίησις im
Lateinischen bezeichnenderweise nicht existiert und es nicht Anliegen des Dichters sein kann, in der Poesie einen solch unanschau-
lichen, unpoetischen Begriff zu schaffen, so wären doch andere Möglichkeiten zur Hand gewesen, das Dichtertum zum Ausdruck zu
bringen:[14] z. B. *musa* (carm. 1. 17, 14) oder *ingenium* (epist. 1, 3, 22.
ars 323). Doch Horaz ist offensichtlich an der Erwähnung der Landschaft von Tibur sehr viel gelegen.

Der zentralen Stellung entsprechend, die Tibur hier im Gegensatz zu den Oden der ersten Sammlung einnimmt,[15] ist der Schilderung der Örtlichkeit größte Aufmerksamkeit geschenkt. Statt eines
allgemeinen, vagen Attributes werden relativ ausführlich verschiedene landschaftliche Elemente genannt: Fruchtbarkeit, Wasser und
dichter Laubwald, die für Tibur bezeichnend sind. Und dennoch
lassen diese allgemeinen Züge, die für Horaz immer eine liebliche
Landschaft ausmachen,[16] die wirkliche Eigenart Tiburs, seine un-
wiederholbare, individuelle Prägung kaum ahnen. Einzig das Verbum *praefluere* in der Bedeutung „vor — oder außerhalb dem Gebiet der Stadt hinfließen"[17] gibt die Realität genau wieder. Der
wenig konkrete, typisierende Charakter dieser Schilderung wird uns
vor allem im Vergleich mit der umfangsmäßig gleichen, an Anschaulichkeit aber überlegenen Beschreibung der Ode I 7, 12ff. deutlich:[18]
Wasserfall, Obstgärten und Hain des Tiburnus, Namen von bestimmten Lokalitäten, schildern an jener früheren Stelle unverwechselbar Tibur, obgleich wir auch dort, wie überall bei Horaz, kein
geschlossenes, gerahmtes Bild erwarten dürfen. In der Ode IV 3
hingegen lassen die vagen landschaftlichen Andeutungen im Verzicht auf konkrete Einzelheiten der träumenden Phantasie freien
Lauf und nähern die Landschaft von Tibur manchen Schilderungen
einer idealisierten Sphäre.[19]

---

[14] KH z. V. 10; vgl. *spiritum Graiae tenuem Camenae* carm. 2, 16, 38.
[15] Zum ganzen Abschnitt vgl. o. S. 136ff.
[16] Vgl. o. S. 84ff., 90.
[17] Vgl. o. S. 134 mit Anm. 15.
[18] Vgl. o. S. 135f.
[19] Vgl. o. S. 90.

Die sorgfältige hohe Stilisierung der Sprache verstärkt ihrerseits den idealen Eindruck: Die *aquae*, welche ohne genauere Präzisierung selten für einen Fluß verwendet werden, wirken in ihrer Unbestimmtheit hier wie im Musenhain der Ode III 4, 8 ausgesprochen poetisch[20] und lassen durch die pluralische Ausdrucksweise die Wasserfülle Tiburs sachte mitempfunden werden. Am deutlichsten ist jedoch die poetische Idealisierung in der Umschreibung für den Wald — *spissae nemorum comae* — zu spüren. *Comae* in der Bedeutung „Laub" ist an sich ein Wort der Dichtersprache, letztlich griechischen Ursprungs;[21] und vollends die Umschreibung läßt eine bewußt poetische Stilisierung erkennen, die aber durch die Betonung des dichten, schattenspendenden Laubdaches doch nicht zur Künstlichkeit erstarrt, sondern lebendig bleibt. Denn die Empfindung der erfrischenden Kühle wirkt auch hier, wie meistens bei Horaz, stärker als der optische Eindruck.[22]

Auch zu dieser Landschaft gehört der Mensch, der Dichter Horaz, von der Muse bestimmt und berufen (V. 1ff.). Durch Tibur wird er zum berühmten römischen Lyriker: *Romanae fidicen lyrae* (V. 23). Das Zusammenwirken griechischer und römischer Kräfte, die in dieser Bezeichnung zum Ausdruck kommt und im ganzen Gedicht durch die Vereinigung von griechischen und römischen Motiven und Namen spürbar wird, findet auch in der Tiburstrophe ihre deutliche Ausprägung. Denn die Macht des griechischen Geistes, das äolische Lied, ist in dieser Landschaft gegenwärtig und wird durch sie in römischer Weise neu lebendig: *aquae ... et ... comae ... fingent Aeolio carmine nobilem* (V. 10ff.).

Die Landschaft formt den Menschen zum Dichter. Das Verbum *fingere* gibt auf unübertreffliche Weise das langsame Bilden und Reifenlassen des Dichtertums und des ihm folgenden Ruhmes wieder. Es zeigt auch deutlich, daß Tibur nicht nur der Brennpunkt seines Dichterruhmes und des Gedenkens bei der Nachwelt ist, wie bei den meisten römischen Dichtern ihre Heimat,[23] sondern daß

---

[20] Vgl. o. S. 29 mit Anm. 36 und u. S. 149f.

[21] Hor. carm. 1, 21, 5. 4, 7, 2. — Hom. Od. 23, 195; κομάω h. Dem. 454. Theokr. 1, 133. Ap. Rh. 3, 928. — Thes. l. L. III 1752, 75ff.: hauptsächlich seit augusteischer Zeit; früher: Catull. 4, 11.

[22] z. B. *me sub arta vite bibentem* Hor carm. 1, 38, 7f. Vgl. o. S. 84f.

[23] Ov. am. 3, 15. Verg. georg. 3, 10ff. Hor. carm. 3, 30, 10ff. 4, 9, 1ff.

Tibur selbst und seine Landschaft wesentlichen Anteil am Dichtertum haben. Denn eigentümlich und vielsagend ist das aktive Wirken
der Landschaft gegenüber der völligen Passivität des Dichters. Diese
Haltung, die für die Landschaftsbeziehung des Horaz überhaupt
charakteristisch ist, erinnert sehr an die Bacchusode III 25, wo die
Landschaft den Dichter bannt und durch die Schau zu hohem Gesang inspiriert.[24] Haben auch die Wasser und Wälder Tiburs auf
eine ähnliche, geheimnisvolle Weise Anteil am schöpferischen Akt?
Ist ihre Stellung und Wirkung der Bacchuslandschaft oder dem
Musenhain vergleichbar? Die Muse steht ja als geistige Macht auch
hinter dieser Landschaft: Wen sie bei der Geburt huldvoll anblickt
... den macht Tibur zum Dichter (V. 1 ... 10).

Unsere Vermutung, Tibur besitze hier eine höhere, ideale Bedeutung, wird, durch die stilistische und inhaltliche Eigenart dieser
Stelle gestützt, fast schon zur Gewißheit. Klärendes Licht fällt auf
sie durch den Vergleich mit der Ode I 1, deren Ähnlichkeit in Komposition und Gehalt wir schon mehrfach berührt haben.

Die Oden I 1 und IV 3 haben beide das Dichtertum zum Thema;
in beiden ermöglicht die Form der Priamel, mit vorwiegend gleichen
Motiven, eine betonte Steigerung der Dichterwüde; hier wie dort
mißt sich Horaz mit den griechischen Lyrikern, seinen großen Vorbildern (carm. 1, 1, 35f. 4, 3, 15);[25] und schließlich ist im früheren
wie im späteren Gedicht das Dichtertum nicht in eine abstrakte
Formulierung, sondern in das Bild einer Landschaft eingefangen.
Die Ähnlichkeit von *nemus* (I 1) und Tibur (IV 3) erstreckt sich
jedoch nicht nur auf ihre Stellung als Gipfelpunkt der Priamel und
auf ihre Bedeutung als Verbildlichung des Dichtertums, sondern
kommt sogar in der syntaktischen Funktion der beiden Landschaften zum Ausdruck:

me gelidum nemus / ... et chori / s e c e r n u n t populo
                                                          carm. 1, 1, 30ff.)

sed ... aquae ... / et spissae nemorum comae / f i n g e n t Aeolio
carmine nobilem   (carm. 4, 3, 10ff.)

---

[24] Vgl. o. S. 97ff.
[25] Zur Verteidigung des überlieferten *vatum* FRAENKEL 408 Anm. 3;
anders KH z. St.: Konjektur *vatem* von F. BUECHELER, kl. Schriften,
Leipzig/Berlin II 1927, 324f.

Wie in der früheren Ode *nemus* als Sinnbild einer gotterfüllten Sphäre den Dichter erhebt, ihm die musische Einsicht und Sangeskraft verleiht, so stellt Tibur für ihn später diesen geweihten Bezirk dar, in dessen Landschaft dieselben musischen Kräfte wirken, ihn formen und inspirieren.

Indem Horaz die Ode IV 3 an die bedeutende und einprägsame Ode I 1 anklingen läßt, wird es ihm möglich, auf ein bereits gelegtes Fundament aufzubauen. Denn bei einem wachen Hörer oder Leser werden sogleich Stimmung und Bedeutung des bekannten Musenhaines (I 1) auch bei der Lektüre des späteren Gedichtes lebendig und in die Vorstellung von Tibur miteinbezogen. Aus dieser gegebenen Voraussetzung heraus wird ohne weiteres klar, daß Horaz mit Tibur hier nicht in erster Linie ein Stück Alltagsleben, sondern eine höhere Welt, seine Dichterlandschaft darstellen will. Aber neben der Verwandtschaft wird auch die Verschiedenheit der beiden Konzeptionen bewußt.

Der wesentlichste Unterschied liegt in der gegensätzlichen Wichtigkeit von literarisch-mythologischen Motiven einerseits und der italisch-landschaftlichen Realität anderseits: Im Musenhain der Ode I 1 sind die Göttinnen leibhaftig anwesend, spielen und geben zusammen mit der mythischen Szene der tanzenden Nymphen und Satyrn ein vollkommen ideales, unwirkliches Bild, in dem die realen, landschaftlichen Züge im Ausdruck *gelidum nemus* nur schüchtern und leise aufklingen. Bei Tibur hingegen ist die Muse nicht in mythischer Personifikation, sondern wie im musischen Lebensbereich unsichtbar als geistige Macht anwesend, die aber doch die Atmosphäre wesentlich bestimmt. Die Realität der Landschaft hingegen ist in bedeutend stärkerem Maße lebendig. Der italisch empfundene Wald, der die Landschaft von Tibur vor anderen auszeichnet, hat hier die übliche Vorstellung des Musen- und Dichterhaines abgelöst; und doch dürfen wir wohl in der Wendung *nemorum*[26] und auch im ungewöhnlichen Gebrauch von *aquae*[27] einen kleinen Hinweis auf jenen idealen Bereich des *nemus* und der *aquae* der Musen sehen. Denn durch diese leisen, versteckten Anspielungen, die der tiburtinischen Landschaft höheren Glanz und

[26] Deutlicher in carm. 4, 2, 30, vgl. unten S. 156.
[27] Vgl. o. S. 147; 93f.

göttlichen Hauch verleihen, wird es Horaz möglich, die Eigenart
seiner Dichterwelt zu zeigen: Die Landschaft Tiburs, ihre Wälder,
der wasserreiche Anio sind für ihn persönlich an die Stelle jener
Idealwelt getreten, indem diese dieselben musischen, begeisternden
Kräfte in sich tragen und auf den Dichter ausstrahlen. Wenn auch
hier die Muse als letzte geistige Macht hinter der Landschaft steht
— denn die dichterische Eingebung kann nur göttlichen Ursprungs
sein — so wird doch die eigentlich inspirierende Wirkung der realen
italischen Landschaft, die wir bereits im Musenhain und in der
Bacchuslandschaft der ersten Odensammlung wahrnehmen konnten,[28] bei Tibur zu zentraler Bedeutung erhoben. Das Erlebnis dieser
Landschaft, die ihn bereits in jungen Jahren so mächtig erschüttert
hat (vgl. carm. 1, 7, 12ff.), macht Tibur für ihn persönlich zu einer
ausgezeichneten, musischen Stätte, wo er sich der Gottheit nahe und
von schöpferischem Hauch ergriffen fühlt.[29] Was zwar in der Dichterlandschaft wirklich geschieht, wird überall nur vag und unpräzis
angedeutet; denn die Formung und Inspiration des Dichters durch
die Landschaft ist noch etwas ganz Neues, mit logischen Begriffen
kaum zu Erfassendes, nur im dichterischen Bilde gleichnishaft Aus-
sprechbares.

---

[28] Vgl. o. S. 97ff.
[29] PETROCCHI 216, der aber nur die eine Seite Tiburs, die biographisch-
reale, sieht.

3. Die Matinerbiene in Tibur (IV 2)

Auch die Ode IV 2 behandelt wie das eben besprochene Gedicht das für Horaz so zentrale Thema Dichter — Politik. Doch nicht die *auctoritas* des römischen *vates* steht hier im Zentrum, sondern sein Wirken im Staat durch die Verherrlichung großer Taten und politischer Leistungen, insbesondere die heikle und brennende Frage eines Preisliedes auf Augustus.

Der Dichter des Säkularliedes ist nämlich von Iullus Antonius, einem bedeutenden Angehörigen des augusteischen Hofes, ersucht worden, durch einen neuen pindarischen Hymnus die erwartete siegreiche Rückkehr des Augustus aus Germanien zu verherrlichen.[1] Horaz lehnt jedoch in einer geschickten Abwandlung der hellenistischen *recusatio* den Auftrag mit der Begründung ab, dem hohen und gefährlichen pindarischen Flug nicht gewachsen zu sein (1. Teil, Str. 1—8). Während er seinerseits die ehrenvolle Aufgabe an Iullus zurückgibt, sich selbst aber in die anonyme Schar des Volkes zurückzieht und dort als ein beliebiger Bürger den Augustus preist, gleitet der Gedankengang der Ode doch zum ersehnten Augenblick des Triumphes und Volksfestes über und wird auf diese Weise unmerklich zu einem schönen Preis für Augustus, zwar nicht in lauten, offiziellen Tönen, dafür in stiller Bescheidenheit, wie es dem Wesen des Horaz und des Princeps entspricht (2. Teil, Str. 9—15).[2]

Aus der Ablehnung einer pindarisierenden Ode schafft sich Horaz die Gelegenheit, sein eigenes Dichten von der mächtigen, wie ein Wildbach dahinbrausenden Kraft Pindars wirkungsvoll abzuheben. Im Zentrum der Ode stellt er in den unvergänglichen Bildern von Schwan und Biene den hohen, begeisterten Flug der Dichtungen Pindars seiner eigenen, mühsam ringenden Arbeitsweise gegenüber.[3]

> multa Dircaeum levat aura cycnum,
> tendit, Antoni, quotiens in altos
> nubium tractus: ego apis Matinae
> more modoque,

---

[1] KH Einleitung: im J. 16.
[2] FRAENKEL 439f.   [3] Zum Gleichnis: WILI 257ff.

> grata carpentis thyma per laborem
> plurimum, circa nemus uvidique
> Tiburis ripas operosa parvos
>   carmina fingo.   (V. 25—32)

In der einseitigen Charakterisierung Pindars, welche nur die
Kraft der Inspiration, nicht die *ars* erwähnt, und in der überbe-
tonten Bescheidenheit, die bei Horaz selbst nur das Mühsame und
Erdenschwere und seinen eigenen Unwert nennt, wird eine feine
ironische Übertreibung spürbar.[4] Denn auch Horaz hat sich öfters
in pindarische Höhen begeben[5] und die mächtige Kraft dichterischer
Begeisterung, die im bedeutungsvollen Bild des Schwanes zum Ausdruck kommt, keineswegs gänzlich für sich abgelehnt. Vor allem in
der Schilderung der musischen Entrückung und Inspiration (carm.
1, 12. 3, 4) und in der unwiderstehlichen bacchischen Ekstase
(carm. 3, 25. 2, 19) stellt Horaz sein persönliches Erlebnis der göttlichen, über alles Irdische erhebenden Kraft glaubhaft dar. Und
gerade das literarische Motiv des Schwanes, der bereits in der griechischen Dichtung durch seinen berühmten Gesang zum Symbol des
göttlich begeisterten Sängers und Dichters geworden ist, hat Horaz
an anderer Stelle für sich selbst in Anspruch genommen.[6] In der
Schlußode des zweiten Buches fühlt sich Horaz plötzlich, in einen
Schwan verwandelt, hoch über die Erde bis ans Ende der Welt
fliegen. Wie in der Ode IV 2 ist es hier der mächtige Höhenflug,
der als neues Element den Horaz zum Schwanenvergleich lockt.
Auch das Dädalus-Icarus-Motiv ist bereits in II 20 zu finden und
zeigt durch die positive Wendung, daß Horaz das dichterische Wagnis nicht kategorisch ablehnt.[7]

Das Bienengleichnis anderseits ist nicht nur Ausdruck der bescheidenen Haltung, sondern birgt in sich eine wunderbar tiefe,
verborgene Würde. Welche Bedeutung und Schätzung der Biene
auch im Altertum zukam, zeigt uns am eindrücklichsten die Darstellung des Bienenstaates bei Vergil, wo sie als ein überirdisches,

---

[4] FRAENKEL 435ff.
[5] carm. 1, 12. 4, 4. 4, 14. E. HARMS a. O.
[6] Plat. Phaid. 84e—85b. Anth. Pal. 7, 19 für Alkman; ebd. 30 für
Anakreon; ebd. 12; 713 für Erinna. Eur. Her. m. 691ff.
[7] *periculum* carm. 3, 25, 18; vgl. o. S. 53f. mit Anm. 92, FRAENKEL 258.

von göttlichem Geist erfülltes Wesen erscheint (*esse apibus partem
divinae mentis et haustus / aetherios dixere* georg. 4, 220f.).[8] „Das
Tierchen war also nur für die Nichtwissenden klein, für den Dichter
war es liebliches signum musischer Begabung" (Wili).[9] Indem Horaz
dieses griechische Dichtermotiv zur Charakterisierung seines eigenen
Dichtertums aufnimmt,[10] verleiht er ihm große, innere Würde, die

[8] H. Dahlmann, Der Bienenstaat in Vergils Georgica, SB d. Ak. d.
Wiss. u. d. Lit. Mainz (geistes- u. sozialwiss. Kl.) 1954, 10. Die Biene
wird oft mit Weissagung und Omina verbunden: RAC II 278 (L.
Koep; mit Belegen); vor allem aber mit der Dichtkunst: KH z. St.;
sie steht in Beziehung zu den Musen: RE 5. Hbd. 1899, 447, 32ff.;
viele Sagen erzählen von Erlebnissen der Dichter mit Bienen, die ihre
künftigen dichterischen Fähigkeiten andeuten: RE ebd. 62ff. u. a. auch
von Pindar, was den Unterschied der Dichter nochmals verkleinert!
Vgl. auch die Legende von Iamos Pind. Ol. 6, 43ff.

[9] 257; RAC a. O. 279; RE a. O. 48ff.: Plat. Ion 534a/b. Arist. orn.
748ff. (Phrynichos). Schol. z. Arist. sph. 462 (Sophokles). Simon. frg.
43 (D, mit Testimonia!). Anth. Pal. 7, 13; 12 (Erinna). Lucr. 3, 11f.

[10] Es herrscht eine Kontroverse über die Abhängigkeit des horazischen
Bienenvergleiches: a) Die alte, weitverbreitete Auffassung ist, daß er
von Platon Ion 534a/b abhängig sei: Kiessling z. St. Wili 257. Dagegen spricht, daß bei Platon das ganze Gewicht auf der göttlichen
Inspiration liegt, Horaz hingegen die mühsame Arbeit allein ausdrücklich betont. — b) Abhängigkeit von Sim. frg. 43 (D): Wilamowitz, Pindars 7. nemeisches Gedicht, SBBerl. (Phil.-hist. Kl.) 1908,
340 Anm. 1. Ders. Sappho und Simonides, Berlin 1913, 318 Anm. 1.
Ausführlicher H. Fränkel, Gnomon 25, 1953, 388. Ders. Dichtung
und Philosophie der frühen Griechentums, München 1962², 369 Anm.
39: Er sieht in der Entlehnung eine ehrende Anspielung auf den griechischen Dichter und eine innere Anlehnung des Horaz an ihn; ebenso
Fraenkel 435 Anm. 1
Der Thymian kommt nur bei Simonides und Horaz vor; sonst sind es
einfach Blumen. Das kann aber als Argument nicht ins Gewicht fallen,
da Thymian eine ausgesprochen bevorzugte Bienenpflanze ist (Verg.
georg. 4, 112, vgl. Heinze z. St., RE a. O. 439, 13ff. mit antiken
Belegstellen). Zudem spielt bei Simonides laut Testimonia die
Bitterkeit des Thymian eine große Rolle; bei Horaz heißt er *grata*.
Die Abhängigkeit von Simonides und die Bezugnahme auf seine
Dichtkunst wird ferner unwahrscheinlich durch die Tatsache, daß
Horaz bereits in der Epistel I 3, 21 das Motiv für einen Rhetor und
Dichter verwendet. Ich möchte mit Heinze (zu carm. 4, 2, 25) keine
direkte Anspielung auf eine bestimmte Stelle, sondern allgemeine An-
lehnung an die vielen Bienenvergleiche bei griechischen Dichtern an-
nehmen.

nur scheinbar und obenhin durch die Selbstverkleinerung verdeckt wird. Er stellt nämlich in ähnlicher Weise wie beim Schwanenvergleich auch hier einen ungewöhnlichen Gesichtspunkt ins Zentrum: Nicht die Süßigkeit der dichterischen Sprache, sondern der Fleiß und die unermüdliche Arbeit der Biene *(per laborem plurimum — operosa carmina)* und ihre kleine, unscheinbare Gestalt *(parvus)* bilden den Angelpunkt des Gleichnisses. Doch auch in diesem Attribut wird, wie in der ganzen Stelle, die eigentümlich schillernde Bewertung deutlich. Denn *parvus,* das Horaz gern für seine Dichtung und seine Lebenshaltung der maßvollen Bescheidenheit verwendet, hat hier den stolzen Klang einer leicht ironischen Selbsterniedrigung, die Fraenkel sehr treffend mit der sokratischen ‚εἰρώνεια — *dissimulatio opis propriae*' vergleicht.[11] Auch hier treffen wir also die für das horazische Dichterbewußtsein so bezeichnende Verbindung von Stolz und Bescheidenheit.

Der leitende Gedanke des Bienenfleißes findet auch in der sprachlichen Gestalt der Strophe seinen bezeichnenden Ausdruck: Die durch Verdoppelung und Alliteration betonte Wendung *more modoque* (V. 28) nimmt sich als Einleitung eines dichterischen Vergleiches eigenartig logisch und prosaisch aus.[12] Horaz hat wohl mit Absicht einen nüchternen Ton gesucht, der den Gegensatz zum pindarischen Höhenflug spürbar machen soll. Denn diese genaue, markante Einführung des Gleichnisses paßt gut zu seiner konsequenten, ja fast pedantischen Durchführung, in der die beiden Teile, Biene — Dichter, im Unterschied zu den meisten griechischen Bienenvergleichen säuberlich getrennt sind.[13] Nur im Namen *Matinae,* der

---

[11] 335f. derselbe Ton in epist. 1, 7, 44f. *parvum parva decent: mihi iam non regia Roma, / sed vacuum Tibur placet aut inbelle Tarentum. — parvus / tenuis* bezogen auf die Dichtung z. T. in alexandrinischer Tradition des λεπτὸν γένος: carm. 4, 15, 3. 3, 3, 72. 1, 6, 9. Lebensweisheit: carm. 2, 16, 13f.; 37f. 3, 29, 14. sat. 2, 2. carm. 3, 1, 21ff.; 45ff. epist. 1, 20, 20ff. — Beide Aspekte vereinigt: *mihi parva rura et / spiritum Graiae tenuem Camenae ...* carm. 2, 16, bes. 37f. und in der Ode IV 2! — Vgl. H. J. METTE, ‚genus tenue' und ‚mensa tenuis' bei Horaz, MusHelv. 18, 1961, 136ff.

[12] Vgl. *simili ratione modoque* Hor. epist. 2, 1, 20.

[13] Das Verb ist meistens gemeinsam: vom Dichter aus bestimmt: μηδομένα Simon. frg. 43 (D); von der Biene aus bestimmt: δρεπόμενοι Plat. Ion 534b. Anth. Pal. 7, 13.

syntaktisch zwar zur Biene gehört, als Bezeichnung der Heimat des Horaz sich aber auf diesen bezieht, sind Dichter und Biene vereinigt.

In den weiten Sperrungen und kunstvoll verschlungenen Formulierungen und in der persönlichen Auszeichnung des Bienenbildes gibt Horaz ein eindrucksvolles Beispiel seiner Bienenkunst, in der sich göttlicher Funke und sorgfältige Kleinarbeit zu höchster, klassischer Vollendung vereinigen.[14] In diesem Bild wird die Biene zum schönsten Symbol des augusteischen Dichterideals.

Bedeutungsvoll ist die Stellung der beiden Namen: *Matina — Tibur,* welche als schlichter Anfang und ruhmvolles Ende den horazischen Bienenvergleich einrahmen. Der bescheidenen Herkunft aus dem fernen Apulien steht die Zugehörigkeit zu Tibur, der großen Villenstadt in der Nähe Roms, gegenüber.[15]

Die Schilderung von Tibur, welche auch hier in keiner Weise auf das Alltagsleben hindeutet, sondern in erster Linie die Stätte des Dichtens zeigt, ist ebenso bemerkenswert wie bedeutsam. Während nämlich beim pindarischen Schwan die Örtlichkeit Thebens nur durch das Ortsadjektiv dirkäisch angedeutet ist, wird die Landschaft von Tibur auffallend breit ausgeführt. Da es jedoch nicht der knappen, sich auf das Wesentliche beschränkenden Art des reifen Horaz entspricht, ohne tieferen Grund beliebige schmückende Nebensächlichkeiten einzuflechten, muß ihm hier wie in der Ode IV 3 die Erwähnung Tiburs sehr am Herzen liegen. Auch im Einzelnen erinnert diese Schilderung in manchem an die früher besprochene; denn beide geben in ähnlicher Weise eine allgemeine, typisch horazische Vorstellung einer lieblichen Landschaft:

	IV 2		IV 3	
nemus		spissae nemorum comae		
	uvidi Tiburis		Tibur fertile	
		ripas	aquae	praefluunt

---

[14] In den Oden wird göttliche Inspiration betont: carm. 1, 12, 3ff. 3, 4, 5ff. 3, 25; in den theoretischen Auseinandersetzungen Arbeit und Feile als Reaktion auf ein überspanntes und oberflächliches Geniedichtertum: ars 295—308, 453—76. epist. 2, 2, 109—25; beide Gesichtspunkte: ars 408—18.

[15] Wili 15ff.

Die von Horaz so geliebte Flußlandschaft, der Wald und die Fruchtbarkeit und Kühlung spendende Wasserfülle deuten zwar bezeichnende, von Horaz besonders geschätzte Eigenschaften Tiburs an,[16] geben aber doch kein wirklich faßbares Bild.

Die unbestimmte Vorstellung der waldigen Flußlandschaft steht ferner auch der zentralen Landschaft des Bacchusgedichtes, welche Horaz voll Ergriffenheit bestaunt, sehr nahe:

> nemus uvidique Tiburis ripas   carm. 4, 2, 30f.
> ripas et vacuum nemus   carm. 3, 25, 13

Die große Ähnlichkeit will nicht besagen, daß auch mit der Bacchuslandschaft Tibur gemeint sei,[17] sondern zeigt lediglich, daß beide Landschaften, die ideale, ungenannte und die tiburtinische, dem von Horaz bevorzugten, italisch geprägten Typus völlig entsprechen. Wenn sich auch nicht mit Bestimmtheit entscheiden läßt, wie weit die geliebte Landschaft Tiburs zur Prägung des horazischen Idealbildes beigetragen hat, so ist jedenfalls gewiß, daß Horaz im realen Tibur sein Landschaftsideal verwirklicht findet. Doch auch eine innere Verwandtschaft ist in diesen Schilderungen, die beide mit dem Dichten des Horaz in engem Zusammenhang stehen, klar zu erkennen: Wie wir in der Bacchuslandschaft ein eigentümliches Doppelgesicht wahrnehmen konnten, das Züge der italischen Realität und überirdische, göttliche Kräfte und Eigenschaften trägt,[18] so hat auch Tibur an beiden Bereichen teil. Auch bei Tibur eröffnet der bedeutungserfüllte Begriff *nemus,* der bei Horaz öfters sowohl den italischen Wald als auch den idealen Musen- und Dichterhain in einem bezeichnet,[19] die Landschaftsschilderung und gibt ihr Sinn und musische Atmosphäre.

Wenn wir einen Blick auf die griechischen Bienengleichnisse werfen, an die Horaz seine Schilderung bewußt anklingen läßt, wird ebenfalls die bevorzugte, vielsagende Stellung und ideale Bedeutung dieser italischen Villenstadt sehr deutlich. Denn die griechischen Dichter-Bienen schöpfen ihre Lieder aus den honigfließenden Quellen der Musengärten, suchen die Wiesen der Musen ab oder

---

[16] Vgl. o. S. 135f.   [17] Vgl. o. S. 96 mit Anm. 67, so KH.
[18] Vgl. o. S. 94ff.   [19] Vgl. o. S. 44ff.

pflücken die Blumen der Musen.[20] Wenn die horazische Biene statt in diesen rein idealen Musengefilden in Tibur ihren Honig sammelt, wird dem realen Ort eine ideale Bedeutung verliehen. Wenn auch die Muse hier nicht ausdrücklich erwähnt ist, so weht doch musischer Geist. Diese Landschaft am Abhang der Sabinerberge ist für Horaz also nicht nur eine anziehende Stätte römischen Villenlebens, sondern als Trägerin göttlicher Kräfte auch Teil einer höheren Welt; sie begünstigt und fördert sein dichterisches Schaffen, da sie ihm, wie der Thymian den Bienen, Stoff und Inspiration für seine Lieder gewährt. Der Wald am Ufer des Anio ist zu seinem *nemus* geworden.

Die beiden Tiburbilder der Oden IV 2 und IV 3 gehören eng zusammen.

Da Horaz besonders das vierte Odenbuch durch mannigfache Bezüge mit großer Sorgfalt als ein organisches Ganzes geformt hat,[21] ist ihre benachbarte Stellung recht auffällig. Auch das Thema der beiden Oden weist eine gewisse Ähnlichkeit auf, indem Horaz in beiden von seinem Dichtertum in Beziehung zur römischen Öffentlichkeit spricht.[22] Zudem führt die Verwandtschaft der beiden Tiburstellen weit über die bereits erwähnte landschaftliche Ähnlichkeit hinaus in geistige Tiefen. Denn beide sind bildhafter Ausdruck für die horazische Dichterlandschaft Tibur, in der Realität und Idealität untrennbar eins sind. Wir können jedoch die bewußte Zuordnung bis in die sprachliche Formulierung hinein greifen:

ego ... operosa parvos / c a r m i n a   f i n g o   carm. 4, 2, 27ff.
aquae ... et ... comae (me) / f i n g e n t Aeolio c a r m i n e
nobilem   carm. 4, 3, 10ff.

An beiden Stellen ist im Begriff *carmen* das dichterische Schaffen miteinbezogen. Auch das, was in der Landschaft geschieht, ist mit

---

[20] Plat. Ion 534b. Arist. batr. 1299f. Anth. Pal. 7, 13. 9, 187. Lucr. 3, 11 (ohne Beziehung auf die Musen).

[21] Versuch einer Analyse: W. LUDWIG, Die Anordnung des vierten Horazischen Odenbuches, MusHelv. 18, 1961, 1ff.

[22] WILI 258 betont die pindarische Nähe der Ode IV 3, welche sie, wenn auch in gegensätzlichem Sinn, mit IV 2 verbindet; vgl. o. S. 152.

demselben Verb *fingere* „formen" ausgedrückt, jedoch von zwei grundsätzlich verschiedenen Seiten her betrachtet: In der Ode IV 2 formt Horaz selbst in mühsamem, zähem Fleiß seine Lieder. In der Ode IV 3 hingegen formt die Landschaft von Tibur, ihre Wasser und Wälder, Horaz zum großen Lyriker; hier ist die idealisierte, musische Landschaft selbst wesentlich am Dichten beteiligt, während Horaz als ein Empfangender passiv bleibt. Damit hat er die entscheidenden Ereignisse in der Dichterlandschaft, das eigene Schaffen und Ringen einerseits und die Inspiration durch die Landschaft anderseits, in den beiden Tiburstellen zu einer Einheit zusammengeschlossen. Es ist das einzige Mal, daß ein römischer Dichter im Bilde seines *nemus* nicht nur die göttlichen Kräfte, sondern auch das schwere menschliche Bemühen darstellt. Durch die Vereinigung der beiden Mächte, die für das Dichtertum des Horaz von so entscheidender Bedeutung sind, hat er seinem idealen tiburtinischen *nemus* eine reale Geltung und eine lebendige Wirklichkeitskraft verliehen.

ZUSAMMENFASSUNG
UND SCHLUSSBEMERKUNGEN

Durch den wesentlichen und bedeutungsvollen Anteil, der Tibur in den Oden IV 2 und IV 3 am dichterischen Schaffen des Horaz zukommt, erweist es sich, daß der Dichter hier, wo er die Hauptkräfte seines Dichtertums im Bilde einer Landschaft darstellt, mit dieser Örtlichkeit nicht die alltägliche Muße des Villenlebens meint. Viele geistige und idealisierende Züge weisen in eine höhere Sphäre: Tibur ist in der Vorstellung des Horaz der späten Zeit zum Inbegriff seiner Dichterlandschaft geworden, die er völlig aus eigenem Erleben, eigener Anschauung und Empfindung heraus zu seiner persönlichen Welt gestaltet hat. Alle traditionellen Elemente, welche nur wenig verwandelt in das frühere Bild der horazischen Dichterlandschaft eingegangen sind und diese zu einer geistigen Sphäre erhöht haben, sind in Tibur nun mit der geschilderten italischen Landschaft völlig eins geworden: Die Götter sind nicht mehr in mythischer Personifikation im Hain anwesend, sondern erfüllen als unsichtbare, rein geistige Mächte Dichterlandschaft und Dichtertum. In ähnlicher Weise hat sich die vergeistigende Macht des Griechischen von den auffällig unrealen, mythologischen und literarischen Motiven und Wendungen gelöst und liegt nun lediglich als ein still verklärender Glanz über der realen Landschaft. In der inneren Ruhe und Geschlossenheit des Bildes wird die gefestigte Stellung des Dichtertums spürbar, welche nicht mehr augenfällige, traditionelle Motive zur Adelung braucht, sondern auf ein bereits gelegtes und anerkanntes Fundament aufbauen und zu einer rein persönlichen, dem eigenen Wesen entsprechenden Ausdrucksform gelangen kann.

Horaz ist es nicht möglich, wie dem jungen Vergil, in einer idealen Traumwelt Genügen und Erfüllung zu finden. Darum hat er, seiner Neigung zu realer Vorstellung folgend, schon sehr früh den rein idealen Musen- und Dichterhain mit realen, italisch-landschaftlichen Zügen erfüllt und dieser doch idealen Sphäre ein dichterisch verklärtes Bild seiner realen Lebenswelt gegenübergestellt. Indem er schließlich mit Tibur die italische Wirklichkeit zu seiner geistigen Dichterwelt macht, gelingt es ihm, die Spannung zwischen realer und idealer Welt endgültig zu lösen: Tibur spielt als römische Villenstadt im realen Leben des Dichters eine bedeutende Rolle, Tibur hat ihn durch die kulturelle Atmosphäre der gebildeten römischen Gesellschaft und durch die Schönheit der Landschaft schon früher mächtig angezogen, Tibur hat ihm ein ruhiges und glückliches Leben in musischem Geist verheißen. Ein persönliches Erlebnis der schöpferischen Inspiration in dieser Umgebung mag Horaz vollends zur Idealisierung Tiburs geführt haben; und auch die geringe Entfernung vom Sabinum, welche die große Villenstadt nah und fern zugleich erscheinen läßt, hat wohl dies begünstigt. Denn gerade ihre Unberührtheit von allzu gewöhnlichen und alltäglichen Dingen im Gegensatz zum Sabinum hat Tibur zum Träger einer höheren, geistigen Welt werden lassen. Erst in den späten Oden IV 2 und IV 3 haben also die früher getrennten Dichterbereiche ihre endgültige, befriedigende Vereinigung gefunden, indem sich der musische Lebensbereich des Dichters und die musische, ideale Dichterlandschaft zur D i c h t e r w e l t T i b u r vereinigt haben, die sowohl das reale Leben des Horaz als auch sein Dichten aufzunehmen vermag.[1] Erst in dieser späten Vorstellung Tiburs ist es Horaz gelungen, die Einheit von Menschen- und Dichtertum, Leben und Dichten, die er bereits früher im Wesen des Dichters gesehen hat, auch in ein und derselben Landschaft darzustellen.

Dies ist eine großartige Leistung des Horaz und zeichnet seine Dichterwelt vor Vergils Arkadien aus. Denn Vergil hat sich als Zuflucht aus der kriegserfüllten, wirren Gegenwart eine ferne Traumwelt geschaffen, die von der harten Wirklichkeit nur leise und schattenhaft berührt wird und nur auf den Flügeln der dichterischen Phantasie erreicht werden kann. Auch der Dichter selbst ist nicht in seiner wirklichen Gestalt in diese Idealwelt aufgenommen; er lebt dort als ein idealer Hirte ein glückliches, der goldenen Urzeit nahes Leben in vollkommener Einheit mit Natur und Göttern. Selbst in der Landschaft, welche dieses Hirtenleben birgt, verschwimmen arkadische, sizilische und oberitalische Elemente zu

---

[1] Erst hier ist Tibur im tiefsten Sinn „Musensitz des Horaz" geworden; allgemeiner verwenden diese Bezeichnung HEINZE (zu carm. 3, 4, 23; „Musenhain" KH zu carm. 4, 3, 10. 4, 2, 30f.) und, rein biographisch, HOMMEL 57.

einer irrealen, traumhaften Vorstellung.[2] Doch auch Vergil hat
später den Weg zu einer wirklichkeitsnäheren Konzeption gesucht
und in den Georgica gefunden. Denn das bedeutsame Lob des
Landlebens (georg. 2, 458 — 540), welches das wahre Dichtertum
mit dem guten, glücklichen Bauerntum verbindet, zeigt uns, daß
Vergil in diesem alten italischen Bauerntum die Verwirklichung
seines idealen Traumlandes gefunden hat und durch ein feines Ein-
fühlen selbst mit der geschilderten Welt eins wird.[3] Und doch ist
auch hier nicht eine völlige Einheit des Dichters und der Dichterwelt erreicht, da diese weder für das Persönliche und Reale im
Leben des Dichters noch für die vergeistigte Sphäre, die er zum
Dichten braucht, Raum bietet; denn zum Dichten wird Vergil aus
dieser italischen Realität in die griechische Idealität entrückt (georg.
2, 487 f. vgl. 3, 291 ff.).

Aus dem Vergleich mit den vergilischen Konzeptionen der Dichterwelt wird deutlich, daß Horaz die Idee Vergils nicht einfach
kopiert, sondern in der Auseinandersetzung mit Arkadien nach
eigenen Vorstellungen seine Dichterwelt Tibur geschaffen hat, in
der sowohl die göttlichen und geistigen Kräfte als auch sein reales
Leben, Wesen und Dichtertum ihre völlige Verwirklichung finden
können. Auch hier hebt sich das reale, sich selbst darstellende Denken und Dichten des Horaz von der idealistischen, überpersönlichen
Vorstellung Vergils ab. Aus diesem fundamentalen Unterschied der
beiden Dichterwelten ist ihre verschiedene Wirkung auf spätere
Zeiten verständlich: Während Vergils Arkadien der bekannte,
große Einfluß auf die abendländische Kultur und Geisteswelt bestimmt war,[4] blieb Horazens Tibur an die Persönlichkeit seines
Schöpfers gebunden und geriet in weiten Kreisen in Vergessenheit.[5]

---

[2] CONINGTON, Comm. ecl., London 1881[4], introd. 9: „There is Italian
element, and there is the Sicilian, added, as it were, to make it buco-
lic"; Einleitung zu ecl. 1 S. 22; zu ecl. 9 S. 100 (bes. V. 7ff.) usw.

[3] KLINGNER H 66, 1931, 159ff.

[4] H. PETRICONI, Das neue Arkadien, Antike u. Abendland 3, 1948, 187ff.

[5] Einen Anklang an die horazische Tiburvorstellung ist wohl im Epigramm I 12 Martials anzunehmen: *Itur ad Herculei gelidas qua Tiburis arces / ... / rura n e m u s q u e s a c r u m dilectaque iugera M u-
s i s* (V. 1/3), wo die feierlichen poetischen Schlagwörter neben den
prosaischen Ausdrücken eine gewollt komische Wirkung haben. Un-

Und doch hat gerade Horaz neben Vergil durch die Konzeption
seines *nemus* und seiner Dichterwelt, mit der er nicht nur sich selbst
genügen will, sondern auch in kämpferischer Haltung um die
öffentliche Anerkennung seines Dichtertums ringt, dem römischen
Dichter in der augusteischen Welt eine wesentlich neue und bedeutende Stellung erobert. Durch die Schöpfung einer eigenen, nur dem
Dichter angehörenden Welt, in der die geistigen und musischen
Kräfte vollkommenen Ersatz für den Verzicht auf politische Stellung und Ehren gewähren, verschaffen die beiden großen Augusteer, Vergil und Horaz, dem antiken *poeta* und seiner Poesie
Würde und Ansehen und eine innere Geschlossenheit, die vor ihnen
weder bei den Griechen noch bei den Römern zu finden sind, von
nun an aber geistiges Eigentum der Dichter bleiben.

abhängig von Horaz kommt Statius silv. I 3 vom realen Erlebnis der
Villa und des otium aus zu einer Idealisierung Tiburs:
Dichten: *Pieriosque dies et habentes carmina somnos* (V. 23)
otium: *hic aeterna quies* ... (V. 29); *qua tibi tuta quies offensaque
turbine nullo / nox silet* (V. 41f.).
Hain des Tiburnus und Albula (V. 74f.); Götter sollen nach Tibur
kommen:
*haec domus Egeriae nemoralem abiungere Phoeben / et Dryadum
viduare choris algentia possit / Taygeta et silvis accersere Pana
Lycaeis* (V. 76ff.).

St

überschreitung